FIRMES EN LA

Gracia

*Vivir en el mensaje de gracia
del Nuevo Testamento*

de David Guzik

*La hierba se seca y la flor se marchita,
pero la palabra de nuestro Dios permanece para
siempre.*

Isaías 40:8

Firmes en la Gracia

©**2019 David Guzik**

Título Original: *Standing in Grace*

Traducción de Brenda Varela

Impreso en los Estados Unidos de América
o en el Reino Unido

ISBN 978-1-939466-74-7

Enduring Word

5662 Calle Real #184

Goleta, CA 93117

Correo electrónico: es@enduringword.com

Página principal de Internet: www.es.enduringword.com

Tabla de Contenido

Dedicado a Inga-Lill

Un maravilloso regalo de gracia
para mí y para muchos otros

Capítulo Uno

¿Qué pasó con la gracia?

En quien tenemos redención por su sangre, el perdón de pecados según las riquezas de su gracia. (Ef. 1:7)

Al hojear un estante de revistas en la biblioteca pública, noté un titular que me llamó la atención: «El cristianismo y la salud mental».[1] Era el artículo principal en la edición de ese mes de la revista *El Humanista*. La curiosidad se apoderó de mí y me senté a leer el ensayo.

Al tratarse de una revista con ese título, no esperaba un trato favorable del tema; y, efectivamente, el autor Wendell W. Watters, cumplió con mis expectativas. Después de veinticinco años de ejercer la psiquiatría, llegó a la conclusión de que el cristianismo destruye la salud mental de la sociedad y de los individuos. En el primer párrafo de su libro expone su pensamiento:

> Quiero que se plantee la hipótesis de que la doctrina cristiana, el calmante existencial por excelencia, es incompatible con los principios de la sana salud mental y contribuye más a la génesis del sufrimiento humano que a su alivio.[2]

El resto del artículo intentaba probar su punto. No sería difícil para ningún cristiano que hiciera uso de la razón ver que Watters estaba en el camino equivocado y que, en su caso, no se sostenía su razonamiento. Pero mientras leía lo que este hombre aparentemente enojado y amargado escribió sobre los cristianos, sentí una reacción inesperada: acuerdo. En más de un punto, encontré que estaba de acuerdo con este decidido crítico del cristianismo. Aunque entretejió elaboradamente verdades a medias con percepciones válidas, el autor también logró hacer algunas observaciones sorprendentes. Me di cuenta de que no describía como *debía* de ser experimentada la vida cristiana, sino como la *experimentaban realmente* muchas personas. Por ejemplo, Watters señaló:

> A los cristianos se les enseña que solo Dios puede asignar valor a los individuos salvándolos de sus pecados. Al flagelarse emocionalmente y proclamar su inutilidad y vacío intrínsecos, los cristianos tratan de manipular a Dios para que se compadezca de ellos y los salve.[3]

Dejando de lado el ambiguo lenguaje psiquiátrico, Watters hace referencia a que muchos cristianos se martirizan emocional y espiritualmente, esperando que Dios se compadezca de ellos.

Al examinar la oración, Watters escribió:

> [La oración] demuestra como el cristianismo tiende a reducir a sus adeptos a un estado de infante abyectamente quejumbroso, engatusador y coercitivo —ya sea que el objetivo de una súplica en particular sea clamar por el buen tiempo, el alivio del dolor, el bienestar de las almas que han partido o, simplemente, la acumulación de puntos para la eternidad.[4]

Como pastor, yo sé lo que es ayudar a muchos cristianos que han sentido lo mismo. Ellos han cambiado lo que Dios dice sobre nuestra verdadera necesidad de Él por algo que los mantiene en constante culpa y depresión. Para estos creyentes, el amor de Dios es más para *ser ganado* que para *ser recibido*. Aparentemente, este era el tipo de cristianos que Watters había conocido y tomó su experiencia como referente de lo que es el cristianismo. Al respecto dice:

Se espera que un verdadero cristiano, empapado en la doctrina del pecado original y en el sacrificio de Cristo en la cruz, gane el favor de Dios a través de todo tipo de golpes de pecho verbales, de autocrítica y de confesión de pecado.

> Un verdadero cristiano debe estar siempre en un estado de tormento, ya que él o ella nunca pueden estar realmente seguros de que Dios

les ha perdonado los sentimientos negativos profundamente experimentados —a pesar del confesionario católico y del truco fundamentalista de autoengaño conocido como «ser salvo» o «nacer de nuevo».

[El cristiano está] condenado para siempre a la fragmentación y al servilismo abyecto a los pies del Gran Papá divino.[5]

Con esa perspectiva distorsionada del cristianismo verdadero, no es de extrañar que este escritor de *El Humanista* concluya:

Es un tributo a la resiliencia del animal humano, que cualquier persona sometida a este tipo de adoctrinamiento semana tras semana, año tras año, pueda crecer con cierto grado de autoaceptación, por no hablar de autoestima.

Este comportamiento de golpearse el pecho y autoflagelarse representa una forma de chantaje a la antigua y, desafortunadamente, es una forma que se cuela en demasiadas relaciones interpersonales.[6]

Era fácil ver que contra lo que protestaba Watters no era contra el verdadero cristianismo bíblico; pero también, comprender que mucha gente lucha con el tipo de vida cristiana que él describía. Tuve que admitir que a veces lidiaba con las mismas falsas concepciones sobre Dios y la vida cristiana, pues luchaba con una visión de Dios y de su obra por mí que traía esclavitud en lugar de libertad. Aunque el pseudocristianismo que Watters atacó no es bíblico, es la experiencia de demasiados cristianos sinceros.

¿Qué faltaba? ¿Cuál era la diferencia entre la fe destructiva criticada en *El Humanista* y la vida abundante ofrecida por Jesús? He llegado a creer que lo que Watters describe —y lo que muchos creyentes experimentan— es una vida cristiana sin gracia. Este tipo de cristianismo es mucho más común de lo que pensaba, y no solo afecta a los cristianos que se sienten inútiles delante de Dios. El cristianismo sin gracia también impacta a aquellos que se sienten muy bien acerca de su relación con el Señor.

Elegible para bendición

La mayoría de la gente piensa en la gracia como una palabra anticuada, que representa un concepto poco familiar. La gracia parece carecer del dinamismo de la última moda espiritual o viento de doctrina. Nos recuerda más a los ancianos que tararean *Sublime gracia* que a una nueva generación que intenta encontrar su camino. Sin embargo, la comprensión de la gracia, o la falta de esta, afecta directamente nuestra relación cotidiana con Dios. Lo que la Biblia dice sobre la gracia del Señor responde a dos preguntas que rara vez se plantean, pero que se hacen constantemente: (1) ¿Qué *quiere* Dios de mí? y (2) ¿Qué *siente* Él por mí?

En un domingo cualquiera, en prácticamente cualquier iglesia, usted verá a cristianos que sufren porque responden mal a estas preguntas cruciales. Si mira más allá de la charla casual sobre el tiempo y el último partido de béisbol, más allá de las sonrisas en piloto automático y de las respuestas tipo «muy bien», verá a creyentes que necesitan desesperadamente una mejor comprensión de la gracia.

Algunos vienen a la iglesia con un entusiasmo y una expectativa desenfrenados. Simplemente, saben que obtendrán lo que buscan de Dios; después de todo, son el tipo de personas a las que Dios ama bendecir. Probablemente, hayan tenido una buena semana, sin pecados mayores y con un adecuado cumplimiento de los Diez Mandamientos. Quizás, leyeron su Biblia y oraron un poco esa semana. Tal vez, hasta hayan tenido la tremenda experiencia de compartir el evangelio con alguien. La razón que los hace «elegibles para ser bendecidos» parece estar escrita en sus rostros. Debido a que han sido el tipo correcto de personas, asumen que Dios es justo y hará lo correcto por ellos. Se ha plantado una buena semilla y ahora estos elegibles esperan disfrutar de todo lo que les pertenece por derecho. Cuando llegan a la iglesia el domingo por la mañana, su alegría es genuina y no pueden esperar para dirigir la conversación hacia lo que recientemente hicieron o experimentaron que fue tan agradable para Dios.

Pero ese mismo domingo por la mañana, en la misma iglesia, seguramente habrá quienes sientan que «no son elegibles» para bendición. Estos creyentes viven el tipo de experiencia cristiana dañina descrita por Wendell Watters en *El Humanista*. Están, al menos en este momento, obsesionados por darse cuenta de que no es así como se supone que deben sentirse. Por lo tanto, hacen todo lo posible para verse como otros piensan que deberían verse. Mientras se está orando y comienzan los cantos, es difícil para ellos deshacerse de la sensación de que han sido descalificados —según su opinión— para recibir bendición en esa mañana en particular.

Mary, por ejemplo, es una mujer cristiana dedicada. Ella viene a la iglesia semana tras semana y saluda a todos con la sonrisa que se espera que los buenos cristianos den y reciban. Pero muchos de sus domingos son estropeados por la creencia de que Dios no está del todo complacido con ella. Por ejemplo, hubo un domingo en particular en el que sabía que había perdido los estribos con sus hijos el jueves y se sintió muy mal por eso. Estaba convencida de que su falta de autocontrol y la culpa resultante significaban que Dios no tenía nada bueno que darle ese día. Mary se siente así con mucha frecuencia, incluso cuando no puede pensar en nada específico que haya hecho mal. Considerándose descalificada para recibir la bendición de Dios, sabía que ese era un domingo en el que en vez de disfrutar tendría que soportar.

Cuando Mary se siente así, mira a los demás con una mezcla de envidia, admiración y desesperanza. Todos los demás parecen tan espirituales y dispuestos a recibir un toque de Dios. Pero debido a una mala mañana o semana, los descalificados como Mary tienen la desagradable sensación de que deben pagar un precio por su vida descarriada. Hay que soportar la cosecha seca de la mala semilla que se siembra días antes y esperar una mejor cosecha para la próxima semana.

Piense en alguien sentado al lado de Mary —lo llamaremos Tom. Tom se siente completamente diferente a Mary, aunque no necesariamente lo percibimos en su apariencia externa. Aunque Mary no se siente elegible para recibir bendición, Tom se siente bastante elegible porque tuvo una gran semana con el Señor. Tuvo un tiempo devocional con el Señor casi todos los días e, incluso, habló con un compañero de trabajo sobre Jesús. Cuando Tom se prepara para el servicio, su actitud es: «Creo que Dios me bendecirá hoy, porque tuve una gran semana».

Tanto los elegibles como los no elegibles se sientan juntos en la misma banca e intercambian saludos cordiales, incluso, podrían ser marido y mujer. Quienesquiera que sean, aprecian la adoración y escuchan el sermón de manera muy diferente; pero ninguno puede experimentarlos de la manera que Dios quiere. La persona como Tom, cree que la bendición de Dios es inevitable porque ha sido un buen cristiano. La persona como Mary, sabe que está mal delante de Dios y que la bendición es imposible. Tanto Tom como Mary, probablemente, estén viviendo una vida cristiana sin gracia.

Es fácil ver como alguien como Mary necesita entender más sobre el amor y la gracia de Dios. Pero, ¿cómo puede ser malo sentirse bien con uno mismo como Tom? Esa clase de confianza en uno mismo, ciertamente, se aprecia mejor que el peso de la culpa y la depresión autoimpuestas. Sin embargo, esos buenos sentimientos pueden ser tan perjudiciales para nuestra salud espiritual como los dolorosos sentimientos de inelegibilidad. En un sentido de confianza en la valía personal subyace una actitud que podríamos llamar «asertiva» u «optimista»; pero Dios puede verlo, simplemente, como orgullo. Puede que nos sintamos seguros con una perspectiva tan positiva, pero también podríamos estar en un lugar peligroso al dirigirnos hacia la autosuficiencia, que hace que sea fácil rechazar la participación diaria de Dios en nuestra vida.

Tanto las actitudes «positivas» como las «negativas» son comunes, y no es inusual que los cristianos se ubiquen en cualquiera de los dos extremos de una semana a otra. Tanto una actitud como la otra puede causar serios problemas en nuestro desarrollo espiritual y ocasionar dificultades que no son exclusivas de los domingos por la mañana. Estas dificultades pueden extenderse a todo lo que concierne a nuestra comunión con Dios. Sin embargo, ambas actitudes se corrigen mediante la comprensión de lo que dice el Nuevo Testamento acerca de la gracia. Los problemas de Mary y Tom comparten la misma raíz: se basan en un cristianismo *sin gracia*. Cada perspectiva es venenosa e impide el desarrollo de un cristiano sano y maduro, por lo que debe corregirse mediante la comprensión y la aplicación de la gracia.

¿Qué pasó con la gracia?

La gracia es la respuesta de Dios a la sensación de frustración crónica y su contracara: la autosuficiencia. Sin embargo, la gracia en la vida cristiana no es el tema de muchos sermones en la actualidad. No es que las doctrinas de la gracia sean despreciadas por los creyentes (aunque algunos, por ignorancia, las rechazan); más bien son, simplemente, ignoradas. Muchos ven erróneamente la gracia como un principio básico, del cual se gradúan rápido en su experiencia. Otros, se pierden lo que Dios dice sobre la gracia en la confusión de las últimas modas entre los cristianos.

Muchos predicadores y maestros enseñan la gracia y la consideran relevante hoy día; sin embargo, otros no logran entender o comunicar sus principios. Para ellos, la gracia puede ser una palabra de moda, pero no es genuinamente aplicada.

Quizás, el mayor problema tenga que ver con el modo en que los teólogos tratan el concepto de gracia. Muchos eruditos usan la palabra gracia como un eslogan útil, cuya definición describe casi todo lo relacionado con la vida cristiana y casi nada de lo relacionado con la vida práctica. La elevada explicación de un teólogo sobre la gracia puede ser significativa para otros intelectuales; pero, a menudo, es inútil para el hombre o la mujer que están sentados en el banco de la iglesia. Afortunadamente, hay eruditos sólidos que siguen siendo sensibles a la importancia de la gracia en la comprensión de la Biblia; pero, muchas veces, su audiencia a menudo son solo compañeros académicos y estudiantes de seminario. Por lo tanto, la fuerza de la gracia se vuelve irrelevante si es definida de una manera demasiado amplia o demasiado estrecha. Y la fuerza de la gracia es inútil si se encierra en grandes libros con demasiadas palabras grandes.

Los que hablan de la gracia pueden utilizar términos laudatorios cuando describen la salvación de las almas, pero con frecuencia ignoran el poder transformador que la gracia puede tener para ayudarnos a entender más acerca de Dios y de nosotros mismos. Para estos, la gracia solo es necesaria al comienzo de la vida cristiana. Otros que enseñan o escriben sobre la gracia, aparentemente le tienen miedo. Sus discusiones suelen ser un preludio para decirnos que nos cuidemos de cualquier enseñanza que anime a la gente a pecar.

Debido a que algunos predicadores temen que al centrarse en la gracia animen a otros a pecar libremente, solo presentan la gracia a medias. Lo que se da con la mano derecha se quita con la izquierda. Este tipo de enseñanza inocula una dosis pequeña y diluida de la verdad que va contra la gracia al hacernos creer, erróneamente, que lo sabemos todo. Una presentación de la gracia a medias contribuye al desarrollo de un cristianismo sin gracia.

Pero no tenemos que vivir de esa manera. Cuando la iglesia malinterpreta la gracia en cualquiera de sus vertientes, forma cristianos débiles, tímidos e inseguros; o, por el contrario, orgullosos y autosuficientes. Sin embargo, podemos sacar la verdad sobre la gracia de esos complejos y distantes libros de teología y colocarla en los corazones y las mentes de los creyentes que están hambrientos de Dios. Cuando eso sucede, se produce una revolución personal. Cuando tomamos en serio la gracia de Dios, el cristianismo florece; comenzamos a ver un avivamiento en nuestras vidas, así como en la iglesia.

Lo que puede hacer la gracia

Usted necesita saber más sobre la gracia de Dios si se siente:

- desanimado o descalificado para recibir la bendición de Dios;
- orgulloso y confiado;
- cansado de una vida cristiana con altibajos;
- inadecuado ante Dios y los demás;
- esclavizado por las opiniones de los demás;
- temeroso e inseguro;
- impotente en la lucha contra el pecado.

Una mayor comprensión de la gracia de Dios puede proporcionar la clave para la victoria en cada una de estas áreas de lucha. Esto significa adoptar un nuevo enfoque sobre el tema de la gracia y dejar que la Biblia hable con su poder inherente. De esta manera, podemos aprovechar el mismo sentido de la gracia que los escritores del Nuevo Testamento llegaron a reconocer como propio.

Hacia finales del siglo XX, el gran predicador escocés Alexander Maclaren declaró:

> Ahora bien, esa palabra «gracia» jugó un papel mucho más importante en los pensamientos de nuestros padres que en los nuestros; y no estoy seguro de que haya muchas cosas más necesarias para el cristiano común de esta generación que redescubrir la amplitud y la majestuosidad de esa palabra anticuada y pasada de moda.[7]

En la misma época que Maclaren, el predicador inglés Charles Spurgeon desafió a sus oyentes en un sermón sobre 1 Corintios 15:

> ¿Qué sabe usted acerca de la gracia de Dios? «Bueno, asisto regularmente a un lugar de culto». Pero, ¿qué sabe usted de la gracia de Dios? «Siempre he sido un hombre recto, honesto, veraz y respetable». Me alegra escucharlo; pero ¿qué sabe usted de la gracia de Dios?[8]

Una generación más tarde, James Moffatt escribió en su notable libro, *Grace in The New Testament* (*Gracia en el Nuevo Testamento*):

> De hecho, pocos servicios de los que se podrían prestar al cristianismo en estos días serían mejores que retener y, si es posible, volver a exponer el significado de la gracia tal y como los escritores del Nuevo Testamento trataron de entenderlo.[9]

Estos hombres sabían que los cristianos de su generación tenían que recuperar el conocimiento de las grandes doctrinas de la gracia y aplicar estas verdades con toda su fuerza. Esta necesidad que era evidente en su época, es aún más evidente en la nuestra. Hoy día se vive demasiado un cristianismo sin gracia.

Satisfacer esa necesidad requiere tanto una exploración de lo que los escritores del Nuevo Testamento dicen sobre la gracia de Dios, como una aplicación de lo que el Espíritu Santo ha dicho a nuestras vidas en la actualidad. Sin embargo, para hacerlo debemos empezar por el principio y partir de la siguiente pregunta: ¿Qué es la gracia?

Capítulo Dos

Sublime gracia

Y si por gracia, ya no es por obras; de otra manera la gracia ya no es gracia. Y si por obras, ya no es gracia; de otra manera la obra ya no es obra. (Rom. 11:6)

El cristianismo sin gracia es un problema. Comprender y recibir la gracia de Dios es la solución, pero muchos cristianos tienen una comprensión limitada de lo que es la gracia.

Según Steve Turner en su libro *Amazing Grace: The Story of America's Most Beloved Song* (*Sublime gracia: La historia de la canción más querida de Estados Unidos*), en diciembre de 1999 el periódico *USA Today* sugirió varios artículos para que fueran incluidos en una cápsula del tiempo de fin de milenio. Estos artículos comunicarían la esencia del siglo XX al futuro. Entre ellos se encontraban muñecas Barbies, un abrelatas, un Chevy Camaro y la partitura de *Sublime gracia*.[10]

Aunque la canción *Sublime gracia* cantada por Judy Collins, se convirtió en un éxito entre los primeros 10 de las listas musicales estadounidenses en 1971,[11] a partir del ataque terrorista del 11 de septiembre parece haber ganado aún más popularidad entre los estadounidenses. Al respecto Turner señala:

> La canción se utilizó en servicios religiosos, reuniones conmemorativas, conciertos de homenaje y funerales. Un grupo del Ejército de Salvación la tocó en la calle Catorce de Manhattan mientras los voluntarios cargaban camiones de suministros para los ayudantes en la zona cero. Los gaiteros de la policía de Nueva York la

entonaron al comienzo del servicio Oración por América, que se celebró en el Estadio de los Yankees. Los trabajadores de la Cruz Roja la cantaron en el lugar de Shanksville, Pennsylvania, donde el vuelo 93 de United Airlines se precipitó a un campo, después de que sus secuestradores fueran aparentemente repelidos por los valientes pasajeros.[12]

Para muchos cristianos, la expresión más significativa y elocuente de la obra de la gracia de Dios se encuentra en este famoso canto. Tal vez usted pueda citar los versos de memoria, pero para una mayor bendición, léalos cuidadosamente:

Sublime gracia del Señor
que a un infeliz salvó;
fui ciego mas hoy veo yo,
perdido y Él me halló.

Su gracia me enseñó a temer,
mis dudas ahuyentó.
¡Oh, cuán precioso fue a mi ser
cuando Él me transformó!

En los peligros o aflicción
que yo he tenido aquí
su gracia siempre me libró
y me guiará feliz.

Sublime gracia es, ciertamente, un gran canto sobre la gracia de Dios. Pero la gloria de la gracia debe ser más que cantada; también debe ser experimentada en nuestras vidas. Curiosamente, el hombre que escribió este himno favorito fue, de hecho, alguien profundamente tocado por la gracia de Dios. Su nombre era John Newton.

Después de intentar desertar de la Marina Real cuando era joven,[13] Newton se encontró en un barco que regresaba a Inglaterra a través de Canadá. Frente a la costa de Terranova, el barco se topó con una terrible tormenta. La situación se volvió desesperada —desde las 3:00 a. m. hasta el mediodía, Newton se vio obligado a operar las bombas que evitaban que el agua hundiera el barco.

Algunas provisiones fueron arrojadas por la borda y las otras se echaron a perder, había pocas esperanzas de sobrevivir. Newton se sentía agotado, con un miedo atroz y no sabía nadar. En estos momentos de gran temor, oscuridad y miedo, se acordó de su piadosa madre. Entonces, en algún lugar de la costa de Terranova, Newton llegó al límite de sí mismo y se convirtió. Mientras tanto, el barco atravesó la tormenta y se dirigió hacia aguas más tranquilas.

Incluso después de su conversión, Newton siguió siendo capitán de un barco de esclavos; pero, finalmente, sus ojos se abrieron a la inhumanidad de lo que hacía. Así que dejó el comercio de esclavos, se convirtió en pastor y, posteriormente, trabajó para hacer que la esclavitud fuera ilegal en el Imperio británico.

A la edad de ochenta y dos años, el antiguo comerciante de esclavos resumió su vida diciendo: «Mi memoria casi se ha ido, pero recuerdo dos cosas: que soy un gran pecador y que Cristo es un gran Salvador».[14] La vida de Newton había cambiado realmente al comprender la sorprendente gracia de Dios.

Desafortunadamente, aunque el himno *Sublime gracia* es considerado el más popular de nuestro país, pocos cristianos conocen la gracia de Dios de la manera maravillosa en que lo hizo el autor de este himno.

El significado de la gracia

Si usted se siente limitado en su comprensión de la gracia, no se desanime; probablemente, no sea su culpa. Esta generación no ha tenido suficientes buenas enseñanzas sobre la gracia; así que, si a usted le cuesta entenderla, no se preocupe, no es el único.

Un destacado teólogo del cristianismo antiguo, Agustín de Hipona, se quedó sin palabras al describir la gracia. Aunque era un profundo pensador y erudito, se cree que cuando alguien le preguntó qué era la gracia, respondió: «¿Qué es la gracia? Lo sé hasta que me lo preguntan; cuando me lo preguntan, no lo sé».[15]

Cuando los expertos en teología hablan de la gracia, a menudo usan términos complicados; sin embargo, comprender lo que la Biblia dice acerca de la gracia no debe ser un misterio.

Hacia el final de su primer mandato como presidente, Ronald Reagan celebró una elegante cena de Estado para Francois Mitterrand, el primer ministro de Francia. Mientras un mayordomo conducía al presidente y al primer ministro a su mesa, la señora Mitterrand se detuvo repentinamente, giró hacia el presidente Reagan y le dijo tranquilamente algo en francés. Él no entendió, y tanto Reagan como el mayordomo le hicieron un gesto para que siguiera avanzando, pero una vez más con mucha calma, ella repitió su declaración al presidente.

Finalmente, un intérprete le explicó el problema: ¡El presidente estaba parado sobre su vestido![16] La falta de comprensión había provocado un breve momento de vergüenza. Pero nuestra falta de comprensión de lo que es la gracia puede tener consecuencias eternas.

Muchos teólogos malinterpretan la gracia cuando no hacen énfasis en que la gracia de Dios es algo *íntimo y cercano*. Es más que una descripción de la acción de Dios o su poder para ayudarnos; ella describe lo que Dios siente por nosotros. La gracia, como la enseña el Nuevo Testamento, no es una palabra fría y técnica; está llena de la calidez del amor y el afecto de Dios. Ver la gracia en términos abstractos y demasiado técnicos conduce exactamente al tipo de cristianismo sin gracia que debemos evitar.

¿Qué significa la palabra gracia? Su uso no cristiano

Cuando los escritores apostólicos, inspirados por el Espíritu Santo, comenzaron a escribir los Evangelios y las cartas del Nuevo Testamento, usaron la antigua palabra griega *charis* para describir el concepto cristiano de la gracia. Si queremos entender lo que el Nuevo Testamento quiere decir con el término *gracia*, debemos comenzar con una comprensión de lo que significaba *charis* para sus antiguos usuarios.

Un buen vino tiene muchos sabores y matices distintos, y el trabajo de un catador es evaluar y distinguir estas sutiles diferencias. Del mismo modo, las palabras importantes también tienen varios sabores y matices, y los buenos «catadores de palabras» estudian cuidadosamente estas distinciones para obtener una comprensión completa de dichas palabras.

Uno de los «sabores» más fuertes de la palabra *charis* es «lo que despierta placer o asegura la alegría»[17]. En la antigüedad, si uno asistía a una carrera de carros y la contienda era agradable de ver, se podía decir que las carreras de carros tenían *charis* porque traían alegría. Moffatt lo expresó muy bien cuando escribió: «Es llamado *charis* todo aquello que regocija a los hombres»[18]. En los tiempos modernos, usamos una palabra similar que expresa este pensamiento. Si una persona tiene una personalidad magnética o un encanto único, decimos que esa persona tiene *carisma*, que se toma de la misma palabra griega.

Charis también transmitía la idea de «belleza», una belleza que da placer y despierta la alegría en nuestro interior. Incluso hoy, decimos que un bailarín o un atleta que se mueve con belleza es agraciado, o que está lleno de gracia. Usamos la palabra gracia para referirnos a personas o cosas con belleza y estilo. La persona marcada por la gracia se considera encantadora y elegante, y pensamos en ella como si no tuviera ninguna imperfección o deformidad.

La palabra *charis* también se usaba en asociación con «poder» o «ayuda sobrenatural».[19] En la literatura de la antigua Grecia, *charis* a veces se veía como un poder místico que influía sobrenaturalmente con su bondad y belleza en la personalidad del hombre. En ocasiones se pensaba que esto era como un hechizo mágico, invisible, sobrenatural, y lleno de poder. Era común para los antiguos pensar en los dioses (o Dios) otorgando esta gracia sobrenatural al hombre.

Finalmente, la palabra *charis* transmitía la idea de «un favor inmerecido» o «una actitud de bondad». Se consideraba como la expresión activa de ayuda y apoyo desinteresados.[20] El famoso filósofo griego Aristóteles definió la palabra de esta manera:

> «Es la ayuda a un necesitado, a cambio de nada,
> ni para que el que ayuda obtenga algo, sino por el
> bien de la persona a la que se ayuda».[21]

Charis podría usarse para describir «una bendición» o «una sorpresa», como un regalo o beneficio inesperados. El propósito de dar un obsequio *charis* se encuentra en el que lo da, no en el que lo recibe.

Debemos reconocer una diferencia importante entre el uso común de la palabra gracia y la forma en que se usa en el Nuevo Testamento. Los antiguos griegos conocían la gracia y la valoraban, pero pensaban en la gracia como un favor que solo tenía lugar entre amigos. La idea de que uno pudiera mostrar este gran favor, belleza, ayuda sobrenatural y bondad inmerecida a un enemigo era completamente ajena a ellos. El popular erudito griego Kenneth Wuest dice:

> En su uso entre los griegos paganos, se refería a un favor hecho por un griego a otro por la pura generosidad de su corazón y sin expectativa de recompensa [...]. En el caso del griego, el favor se hacía a un amigo, nunca a un enemigo. En el caso de Dios, era a un enemigo, pecador, amargado en su odio contra Dios, a quien se le hacía el favor.[22]

Cuando Pablo y los otros escritores del Nuevo Testamento usaron la palabra *charis*, mantuvieron sus connotaciones de gozo, belleza, ayuda sobrenatural y favor inmerecido. Debemos tener en cuenta todos estos «sabores» al estudiar una palabra tan importante en el Nuevo Testamento.

El gran maestro de la Biblia, G. Campbell Morgan, ofrece esta descripción de la gracia en su comentario sobre el libro de 2 Corintios:

> Primero, significó todo en el reino de la belleza, como contra la fealdad; de la fuerza, como contra la debilidad; de la salud, como contra la enfermedad; del amor, como contra el odio. El reino estético, el reino de la belleza, la gloria, la salud y la fuerza, todo lo que es elevado, en oposición a todo lo que es bajo: gracia (*charis*). Luego, en escritos posteriores, tomó un nuevo significado, y fue el deseo de impartir esto a otras personas. Me refiero todavía a la literatura griega. Posteriormente, los escritores del Nuevo

Testamento la tomaron y la elevaron a un ámbito superior, y se convirtió en una palabra que representa la actividad que consiste en el deseo de impartir cosas como la salud, la belleza y la gloria a otras personas, en lugar de impartirles vergüenza. [23]

Wuest escribió poderosamente sobre la relación entre la comprensión clásica de *charis* y el uso de esa palabra en el Nuevo Testamento:

La palabra griega usada como «gracia» es una palabra maravillosa. El arzobispo Trench dice de ella: «No es exagerado decir que la mente griega no ha pronunciado en ninguna palabra más claramente que en esta todo lo que estaba en su corazón». Cuando la palabra es traída al Nuevo Testamento, uno puede repetir la declaración de Trench, sustituyendo «mente griega» por la palabra «Dios». No es exagerado decir que Dios no ha pronunciado en ninguna palabra todo lo que Él es y todo lo que está en su corazón, *más claramente que en esta.*[24]

Charis era una palabra popular en el Nuevo Testamento, especialmente para el apóstol Pablo. Todas las cartas que escribió comienzan y terminan con «gracia a vosotros» de alguna forma. Pablo estaba tan fascinado con el concepto de gracia que incluso inventó palabras de la raíz *charis*. Una de esas palabras es *charismata*, que Pablo llamó «dones de gracia» y que nosotros generalmente llamamos «dones espirituales». Sin duda, *charis* y las ideas que la sustentan fueron esenciales para el evangelio que predicaron los apóstoles. Moffatt dice:

La religión que subyace en los escritos del Nuevo Testamento es una religión de gracia, o no es nada [...]. Sin gracia, no hay evangelio; a eso se reduce todo cuando se estudian los documentos clásicos de la iglesia primitiva.[25]

Charles Ryrie también reconoció la centralidad de la gracia para la fe cristiana cuando dijo: «Sin la gracia, el cristianismo no es nada».[26] El lema de la iglesia primitiva, y especialmente del ministerio de Pablo, fue: «Todo es por gracia, y la gracia es para todos».[27]

Gracia: el favor inmerecido de Dios

Quizás, la descripción más conocida de esta importante palabra del Nuevo Testamento es que la gracia es el favor inmerecido de Dios. Esta definición se ha convertido en algo así como un cliché, pero es un punto de partida preciso para llegar a una comprensión útil de la gracia.

Decimos que la gracia es de Dios porque la Biblia enseña que la gracia es un aspecto esencial de su carácter. El simple hecho de observar como Él trata con las personas y las naciones en la Biblia, muestra que es un Dios de gracia. Por ejemplo, su elección de Abraham y la nación que vendría de él no se basó en su bondad o valor, sino en la poderosa gracia de Dios. Nada en ellos merecía el estatus especial de pueblo escogido de Dios. Otorgar este favor mostró que Dios fue misericordioso en su trato con Abraham y sus descendientes. A menudo pusieron a prueba a Dios y se rebelaron contra Él, pero Él siguió mostrando su increíble gracia y asombrosa paciencia con Israel a través del viaje por el desierto. Incluso, cuando Dios corrigió a Israel, lo hizo como una expresión de su amor por la nación.

Dios habla de sí mismo como un Dios de gracia. Cuando Moisés subió al monte Sinaí para recibir la ley, pidió el privilegio de ver a Dios. Dios se mostró a Moisés con poder y gloria, y declaró así un título que revelaba su carácter. Moisés aprendió acerca de la clase de Dios que los había librado de Egipto:

> «Y pasando Jehová por delante de él, proclamó:
> ¡Jehová! ¡Jehová! fuerte, misericordioso y piadoso;
> tardo para la ira, y grande en misericordia y
> verdad» (Ex. 34:6).

El Dios de Moisés y del monte Sinaí era un Dios lleno de gracia, misericordia y bondad. Moisés supo con certeza que el Dios que los guiaría a través del desierto estaba lleno de gracia y misericordia.

La forma en que Dios trata con las personas expresa su naturaleza misericordiosa. Incluso en el juicio, Él muestra gracia. Cuando la ciudad de Jericó enfrentó el juicio de Dios por parte de los ejércitos de Israel, Dios mostró su gracia al enviar espías para ofrecerle a la creyente Rahab una vía de escape del juicio venidero. Ella era una prostituta gentil, pero Dios mostró su favor a los indignos, incluso en medio de un juicio bien merecido.

La Biblia muestra a Dios como un Dios generoso que da vida, amor, misericordia, perdón, sanidad, poder, guía y liberación a personas que no merecen estas cosas. Este aspecto de su naturaleza; es decir, dar a los que no lo merecen, puede llamarse gracia.

También vemos al Dios de la gracia a través de la vida de Jesús. Jesús reveló perfectamente la naturaleza y actitud de Dios, y esa revelación estuvo llena de gracia. En la introducción a su evangelio, Juan dice: «La gracia y la verdad vinieron por medio de Jesucristo» (1:17). Jesús fue la encarnación de la personalidad del Padre; ejemplificó completamente la gracia mientras andaba entre los hombres. Invitó abiertamente a los pecadores que no lo merecían a conocer a Dios y a tener una relación con Él a través de su persona y de su obra. La gracia de Dios en Jesús alejó a los hombres de su pecado y de su ego y los acercó a Dios mismo.

La gracia es una característica de Dios en su naturaleza trina. La Biblia describe al Padre como el Dios de toda gracia:

> «Mas el Dios de toda gracia, que nos llamó a su gloria eterna en Jesucristo, después que hayáis padecido un poco de tiempo, él mismo os perfeccione, afirme, fortalezca y establezca» (1 Pedro 5:10).

Se nos dice en Juan 1:14 que Jesús es la revelación de la gracia:

> «Y aquel Verbo fue hecho carne, y habitó entre nosotros (y vimos su gloria, gloria como del unigénito del Padre), lleno de gracia y de verdad».

Y en un pasaje de advertencia, el escritor de Hebreos dice que el Espíritu Santo es el Espíritu de gracia:

> «¿*Cuánto mayor castigo pensáis que merecerá el que pisoteare al Hijo de Dios, y tuviere* por inmunda la sangre del pacto en la cual fue santificado, e hiciere afrenta al Espíritu de gracia? (Heb.10:29).

La gracia es un aspecto esencial de la naturaleza de Dios, y toda la verdadera gracia proviene de Él. En el Nuevo Testamento, la gracia es definida como «el favor inmerecido de Dios».

Recibir lo que no merecemos

Decimos que la gracia es inmerecida, porque quien la recibe no la gana. La razón para dar la gracia solo puede encontrarse en el dador, que es Dios. Pablo dice claramente en Romanos:

> Pero al que obra, no se le cuenta el salario como gracia, sino como deuda [...]. Y si por gracia, ya no es por obras; de otra manera la gracia ya no es gracia. Y si por obras, ya no es gracia; de otra manera la obra ya no es obra. (Rom. 4:4; 11:6)

Pablo lo dice de manera simple: la gracia no se puede ganar de la misma manera que se gana un salario. Si la gracia se ganara de alguna manera, entonces ya no sería gracia. La gracia no tiene absolutamente nada que ver con el valor del que la recibe. Permítame ilustrar con una situación imaginaria:

John y Joan son buenos cristianos. Un día John le dice a Joan: «Joan, como eres tan buena persona, te voy a dar un dólar».

¿Es eso gracia? No, porque John está mostrando generosidad hacia Joan por algún mérito o bondad que hay en ella. Claro, John está siendo desprendido y amable, pero no está mostrando el tipo de gracia que el Nuevo Testamento describe.

Ahora es el turno de Joan. Ella dice: «John, sé que odias morderte las uñas y has estado tratando de parar. Lo estás haciendo tan bien que te recompensaré con un dólar».

¿Es esto es gracia? Por supuesto que no. El dar de Joan es motivado por algo que John ha hecho (o ha dejado de hacer).

Por el contrario, la gracia de Dios no se da por lo que hacemos o dejamos de hacer por Él.

Dar solo es por gracia cuando se da porque se quiere dar. El dar no puede tener nada que ver con lo que John ha hecho o con lo que prometa hacer en el futuro. Como se mencionó, John y Joan son buenas personas. De hecho, John podría ser tan bueno que merece un dólar. Pero si Joan está dando por gracia, no importa si John es bueno o no; ella da porque le gusta dar.

Dios, en su gracia, es ese tipo de dador. A la gracia no le importa si usted lo merece o no. Ella no dice que usted no lo merece (como veremos más adelante, la ley es la que dice esto); más bien, la gracia dice que su merecimiento no tiene nada que ver con la dádiva de Dios. La gracia se da tanto a los que la merecen como a los que no la merecen, porque Dios se niega a buscar una razón para dársela al que la recibe. La gracia se da sin tener en cuenta ningún tipo de mérito del que la recibe. Su causa y motivación están solo en el dador.

Si la gracia no es tratar a una persona como se merece, tampoco es tratar a una persona mejor de lo que se merece. Joan podría decirle a John: «John, eres lo suficientemente bueno como para merecer cincuenta centavos, pero como soy una persona generosa, te daré un dólar».

Muchas personas creen que así es como opera la gracia de Dios. Creen que merecemos solo un poco de Dios (quizás nos lo hemos ganado por nuestra fe o arrepentimiento), y que la gracia significa que Dios da mucho cuando merecemos un poco. Eso no es gracia en absoluto, porque el principio de merecer todavía está presente. John se merece algo y Joan, simplemente, le da más. La gracia trata con nosotros completamente al margen del principio de merecimiento. Como dice Charles Ryrie: «La gracia, por su propia naturaleza, no puede implicar ningún mérito».[28]

En Mateo 20, Jesús contó una historia que ilustra como la dádiva de Dios no se basa en el mérito del hombre. Esta parábola —como todas las parábolas— no pretende enseñar un sistema completo de teología; sino que en ella se enfatiza una verdad específica: el derecho de Dios a dar por gracia, no según la idea del hombre de quién merece una recompensa.

Jesús habló de un terrateniente que necesitaba obreros para trabajar en su viña. Una mañana, muy temprano, el terrateniente contrató a varios trabajadores en el mercado y acordó pagarles un denario (el salario estándar de un trabajador). Más tarde, como a las 9:00 a.m., salió y contrató a más trabajadores. A las 12:00 del mediodía y nuevamente a las 3:00 p.m., persuadió a más hombres para que vinieran y trabajaran para él. Finalmente, a las 5:00 p.m., encontró más trabajadores dispuestos y los contrató. A todos los trabajadores que contrató a partir de las 9:00 a.m. simplemente les dijo: «Os daré lo que sea justo». Cuando terminó la jornada laboral, empezó a pagar a sus trabajadores, comenzando por los que habían sido contratados al final del día.

A pesar de que los últimos contratados habían trabajado solo una hora, el propietario les pagó un denario —el salario de un día completo. Puedo imaginar lo emocionados que se sintieron los trabajadores que habían comenzado al inicio del día. Cuando vieron que a los hombres que trabajaron pocas horas les pagaron un día completo, posiblemente pensaron: «Si el dueño de la tierra les paga el trabajo de un día completo, probablemente nos pagará a nosotros dos o tres días. Después de todo, trabajamos dos o tres veces más que los recién llegados». Sin embargo, el terrateniente les pagó igual a todos los trabajadores, le dio a cada uno el salario de un día completo, ya fuera que su jornada laboral hubiera comenzado al amanecer o al mediodía.

Cuando los hombres contratados al principio de la jornada recibieron su salario, se quejaron. Les parecía injusto que hubieran trabajado todo el día y recibieran el mismo salario que los que habían trabajado solo una hora. Entonces el terrateniente les dijo a estos trabajadores que se quejaron: «Toma lo que es tuyo, y vete; pero quiero dar a este postrero, como a ti. *¿No me es lícito hacer lo que quiero con lo mío? ¿O tienes tú* envidia, porque yo soy bueno?* (Mt. 20:14-15).

Esta parábola no es una ilustración perfecta de la gracia, porque están involucrados los principios de obrar y merecer. Pero lo que muestra acerca de la gracia de Dios es suficiente para que la mayoría de nosotros se sienta incómodo. En la parábola, Dios parece ser injusto. Después de todo, ¿no debería recibir un mejor salario la gente que trabajó más tiempo? ¿No es mejor un día de trabajo que una hora? Pero lo que Jesús mostró fue que Dios puede dar a un hombre o a una mujer de las riquezas de su bondad, independientemente de lo que merecen. Verdaderamente, los hombres que solo trabajaron una hora no debían ganar lo mismo que los que trabajaron todo el día; pero el dueño de la tierra optó por darles el mismo salario, y podía hacerlo si quería.

¿Qué pasa si usted descubre mañana que alguien en su lugar de trabajo recibió una gran bonificación, además de su salario normal? Por supuesto, a usted le pagaron exactamente lo que usted esperaba, pero su compañero de trabajo recibió este regalo inesperado. Quizás, usted ha estado en la empresa por más tiempo, ha tenido más responsabilidad e, incluso, ha trabajado más duro que su feliz compañero de trabajo; sin embargo, el jefe le dio la bonificación a *él* en lugar de a usted. ¿Cómo le haría sentir eso? ¿Se sentiría feliz por su compañero de trabajo? ¿O se enojaría con su jefe? La mayoría de la gente, probablemente, respondería de la misma manera que los trabajadores en la parábola de Jesús: resentidos por la generosidad de su jefe.

Muchos de nosotros adoptamos esta misma actitud hacia la vida cristiana, y despreciamos la gracia de Dios cuando se da a los demás. Tal vez, tengamos un sentimiento secreto de que esa bondad inmerecida solo debería mostrarse a nosotros. Recuerde que su jefe puede no tener la autoridad para mostrar tal favor inmerecido a cualquier empleado, pero el punto de la parábola de Jesús es que Dios sí tiene ese derecho. El Rey de Reyes puede tratar con justicia a los hombres y mujeres sobre la base de la gracia, al margen de lo que puedan o no merecer. No hay duda sobre el derecho de Dios; solo está la cuestión de nuestra respuesta. ¿Responderemos a la gracia soberana de Dios con resentimiento? ¿O con regocijo?

El aspecto inquietante de esta parábola y su presentación de la gracia es que generalmente nos gusta el sistema en el que todos obtienen lo que se merecen. Es predecible y seguro. Después de todo, es noble rechazar la caridad y ganarse la vida. Bajo la regla de

«Solo obtienes lo que mereces», nunca hay duda de cuál es nuestra posición en el mundo, y de cómo llegamos allí.

Sin embargo, nunca debemos olvidar que el reino de Dios no se rige por un principio que exija que todos deban ganarse las cosas. Aunque Dios reconoce y recompensa el servicio devoto, no tiene la obligación de dar o bendecir según nuestros méritos. Por eso, la persona que confía en Cristo y recibe la salvación en su lecho de muerte, puede ir al mismo cielo que quien ha servido fielmente a Cristo durante ochenta años. Desde la perspectiva del hombre, esto no es justo ni correcto; pero a los ojos de Dios, muestra la gloria de su gracia.

Dios se agrada de nosotros

Finalmente, decimos que la gracia es el favor inmerecido de Dios, porque eso nos dice cómo Dios ve y lo que siente hacia aquel a quien le da su gracia. Él ve a esa persona bajo una luz favorable. En los días de Pablo, la palabra *gracia* (*charis*) se usaba para describir el favor mediante el cual el emperador otorgaba dones y bondad a las ciudades y a la gente del Imperio romano.[29] Recibir el *charis* del emperador significaba que uno era tenido en especial consideración. Recibir la gracia de Dios significa que el Dios del universo te tiene en especial consideración. Esta es su actitud hacia aquellos que reciben su gracia. ¡Él se agrada de ellos!

Podemos ver esto más claramente al analizar la palabra *desgracia*. Cuando somos desgraciados (no agraciados), no disfrutamos del favor y no somos vistos con agrado. En ese momento, lo único que conocemos es vergüenza y degradación —no hay honor, gloria ni aprobación. Afortunadamente, el creyente no es desgraciado, sino agraciado. El cristiano disfruta del favor y el placer de Dios, y esto es impulsado por su naturaleza misericordiosa y generosa, independientemente de cualquier obra o habilidad del creyente.

Esta es una verdad difícil de aceptar para muchos. Podemos llegar al punto en que creamos libremente que Dios nos ama, pero es más difícil creer que le agradamos. Después de todo, amamos a algunas personas; pero no nos agradan particularmente, porque nos irritan o nos sacan de quicio. Las relaciones familiares suelen ser así. Por ejemplo, nos damos cuenta de que no nos agrada el tío Charlie y preferimos no estar en su compañía; pero como es familia, lo queremos y le enviamos una tarjeta y un pastel de frutas cada Navidad.

Debido a que somos concientes de nuestra devoción imperfecta hacia Dios, fácilmente podemos pensar que su actitud hacia nosotros es la misma. Podemos pensar que Él nos ama porque somos «familia» y tiene que amarnos, pero tememos que no le agrademos realmente. La gracia de Dios nos asegura que esto no es cierto. Dios nuestro Padre no nos ama simplemente por algún sentido de obligación familiar. Él no nos encuentra irritantes, ni se le dificulta tolerarnos. Más bien, cuando mira a los que están en Jesucristo, ve belleza, y esto despierta alegría y placer en Él. Usted es hermoso para Él.

Teniendo en cuenta estas verdades, vemos que la gracia es el favor inmerecido de Dios, pero también es mucho más. Alan Redpath habló de este punto:

> ¿Qué significa la palabra gracia? A menudo la han oído definida como el favor inmerecido de Dios. Bueno, esa es una definición, pero es solo una definición limitada de la palabra [...]. Ahora la palabra ha tomado muchos significados diferentes a través de los años. Cuando esta palabra se usaba en las primeras etapas de la historia, significaba el deseo de llevar a otras personas bondad, salud y fuerza, belleza y hermosura. Más tarde, empezó a significar la actividad real que expresa el deseo de otorgar a los demás bondad, en lugar de maldad; salud, en lugar de enfermedad; belleza, en lugar de fealdad; gloria, en lugar de castigo.[30]

Cuando nuestros ojos se abren al significado y la importancia de la gracia, la Biblia adquiere un nuevo significado. La gracia ya no es, simplemente, una fuerza vaga e impersonal que de alguna manera es responsable de la salvación; sino que describe la actitud y aprobación que Dios extiende hacia mí. Nos damos cuenta de que la Biblia está repentinamente llena de ejemplos de los actos de gracia de Dios y de descripciones de su actitud de gracia hacia el creyente. Vemos que el Nuevo Testamento constantemente habla de la posición del creyente en la gracia y la necesidad de continuar en ella. La aplicación práctica de estas doctrinas de la gracia del Nuevo Testamento puede cambiar la vida, porque la gracia de Dios cambia la vida.

Capítulo Tres

Salvos por gracia

Porque por gracia sois salvos por medio de la fe; y esto no de vosotros, pues es don de Dios; no por obras, para que nadie se gloríe. (Ef. 2:8-9)

¿Predestinación? ¿O libre albedrío? Es una pregunta que consume el tiempo, el intelecto, el esfuerzo y causa la agonía de muchos teólogos, aficionados y profesionales. La respuesta a esta pregunta (generalmente identificada con «calvinista» o «arminiano») revela nuestro punto de vista sobre una variedad de cuestiones doctrinales. En cierto modo, las diferencias entre los dos campos son profundas e irreconciliables; pero también podría decirse que en algunos son solo superficiales y semánticas.

Por ejemplo, todos los cristianos deberíamos responder adecuadamente a la pregunta: «¿Por qué eres cristiano?», con la respuesta: «Porque Dios me ha mostrado su gracia». Esa es una base importante en la que todos los cristianos deberíamos estar de acuerdo, ya seamos calvinistas o arminianos. Pero nuestro acuerdo parece detenerse allí, dejándonos en una discusión infinita.

Todo el debate es en realidad sobre el papel de la gracia en la salvación de las personas. A los teólogos les gusta utilizar el término *gracia* para hablar del papel de Dios en la salvación. Los calvinistas (los que creen en la predestinación) ven la salvación como una obra de la gracia de Dios, que trae como resultado la cooperación de la voluntad del hombre. Los arminianos (los que creen en el libre albedrío) ven la salvación como una obra de la gracia de Dios, que requiere la cooperación de la voluntad del hombre. Los seguidores de cada una de estas doctrinas creen que tanto la iniciativa de Dios como la respuesta del hombre se combinan en el proceso de salvación; sin embargo, están en gran desacuerdo en cuanto a cómo funcionan estos aspectos unidos.

Este libro trata sobre la gracia y cómo podemos vivir en ella. Dejaremos atrás la discusión de la contribución del hombre al proceso de salvación y nos enfocaremos en la parte de Dios. Y mientras lo hacemos, debemos evitar una trampa en la que muchos teólogos (profesionales o aficionados) caen fácilmente. Debemos recordar que la gracia no es una fuerza vaga e impersonal; es el favor inmerecido de Dios. La gracia es más una actitud que un poder. Por supuesto, dado que Dios es Dios y Él es soberano y omnipotente, sus actitudes están llenas de poder. Sin embargo, debemos evitar la trampa de pensar en la gracia como una especie de fuerza impersonal.

¿Salvados de qué?

Una de las declaraciones más elocuentes de la Biblia acerca de la gracia y la salvación de Dios se encuentra en Efesios 2:8-9. Primero, nos dice que somos salvos por gracia. El concepto de ser salvo es conocido y bueno, pero a menudo no entendemos de qué somos salvos. Decir que uno necesita ser salvado implica que está en peligro y que será dañado o destruido si no es rescatado. Pero, ¿de qué necesitamos ser rescatados? Se han escrito grandes libros sobre este tema; no obstante, podemos condensar una respuesta básica en unos pocos párrafos.

El Nuevo Testamento nos dice al menos cuatro cosas de las que podemos ser rescatados en Cristo. La primera de la que hablaremos, es del pecado. Cuando el ángel Gabriel le dijo a María que ella había sido escogida por Dios para concebir y dar a luz milagrosamente al Mesías, le dio instrucciones específicas acerca de su nombre:

> «Y dará a luz un hijo, y llamarás su nombre Jesús, *porque él salvará a su pueblo de sus pecados*» (Mt. 1:21, cursiva del autor).

Lo primero —y, quizás, lo más grande— de lo que nos salva la gracia es del pecado. Es nuestro pecado lo que nos separa de Dios, distorsionando y desfigurando su imagen en nosotros. En cierto sentido, la raíz misma del pecado es el egoísmo. Se ha señalado que en el centro mismo del pecado está el «yo». Ese deseo egoísta y obstinado infecta todos los aspectos del ser y del mundo del hombre.

Antes de su carrera en la política, Abraham Lincoln era un ciudadano destacado de Springfield, Illinois. Un día sus vecinos escucharon los gritos de sus hijos en la calle. Alarmado, un vecino salió corriendo de su casa y encontró a Lincoln allí con dos de sus hijos, quienes lloraban desconsoladamente. «¿Qué les pasa a esos muchachos, señor Lincoln?» —preguntó el vecino. «Lo que le pasa al mundo entero» —respondió Lincoln, con una nota de tristeza en su voz. «Tengo tres nueces y cada uno quiere dos».[31]

El comentario de Lincoln contiene una gran verdad. La fuente de, prácticamente, todos los males en nosotros y en el mundo es el deseo egoísta. El plan de Dios es cambiar nuestros corazones egoístas y darnos acceso al poder que necesitamos para vencer el pecado. La raíz de cada problema entre nosotros es el resultado directo o indirecto del pecado; pero por su plan de gracia, Jesús vino a rescatarnos del pecado y de la tiranía de la voluntad propia.

> También somos salvados de nuestros enemigos. Cuando Zacarías, el padre de Juan el Bautista, profetizó sobre la venida del Mesías, dijo: «Y [Dios] nos levantó un poderoso Salvador […]. Salvación de nuestros enemigos, y de la mano de todos los que nos aborrecieron (Lucas 1:69, 71).

Hay un día venidero de paz y descanso total para toda persona piadosa, cuando cesará toda persecución y todo enemigo del evangelio será silenciado. Hasta entonces, Dios promete rescatarnos del poder y la autoridad del enemigo de nuestras almas: Satanás. Las habilidades de Satanás han sido perfeccionadas por años de experiencia; sin embargo, es un enemigo que ya ha sido despojado a la luz de la obra de Jesús en la cruz. En Colosenses 2:15 Pablo nos dice que, a través de la victoria de Jesús en el Calvario, Él despojó «a los principados y a las potestades, los exhibió públicamente y triunfó sobre ellos en la cruz». Los principados y potestades descritos no son sino poderes demoníacos unidos en oposición contra los cristianos. Jesús ha despojado estas fuerzas y ha puesto a nuestra disposición el camino de la victoria a través de la cruz. ¡Él ofrece esto en su plan de gracia!

El diablo no es nuestro único enemigo; el sistema mundial también lucha por conformarnos a su imagen. Vivimos bajo un constante bombardeo de actitudes y valores impíos que caracterizan nuestra sociedad. Ya sea que lo sintamos o no, somos blancos de la influencia de este mundo. Nuestra sumisión a las novedades y modas, junto con la admiración por los héroes del mundo, muestra cuánto nos afecta esta influencia. Afortunadamente, el poder de la gracia de Dios puede salvarnos del enemigo del mundo y de su poder para conformarnos a él. Pedro, en su sermón del día de Pentecostés, nos dice esto:

> «Y con otras muchas palabras [Pedro] testificaba y les exhortaba, diciendo: Sed salvos de esta perversa generación (Hechos 2:40).

El mundo es despiadado en su intento de unirnos en una mentalidad anti-Dios, pero a través de Jesús podemos ser rescatados de esta generación perversa.

Hasta ahora, hemos visto que podemos ser salvados de los tres enemigos clásicos de nuestra fe: el mundo (esta generación perversa), la carne (nuestros pecados) y el diablo (nuestros enemigos). Pero hay algo más de lo que debemos ser rescatados, y Pablo habla de ello en el libro de Romanos:

> «Pues mucho más, estando ya justificados en su sangre, por él seremos salvos de la ira» (Rom. 5:9).

La ira de la que habla Pablo en este pasaje no es la ira del hombre, sino la ira santa y justa de Dios. ¿Cómo llegamos a ser blancos de esta ira? Cuando nos sometemos a los deseos de la carne, al mundo y a los engaños del diablo; nos ponemos directamente en contra de Dios y su voluntad. Nos hacemos culpables de traición contra Dios y somos plenamente merecedores de su ira.

La gente no entiende ni cree esto hoy día. De acuerdo con la forma en que muchos piensan, Dios sería injusto si mostrara su ira hacia cualquier persona, y peor aún si es hacia alguien que conocen. Se piensa que el infierno es un lugar reservado para algunos de los hombres más notorios de la historia, pero que aquellos que viven vidas normales tienen un pase libre al cielo. Dios ya no se considera un juez justo y recto; ha sido sustituido por un dios de carácter *abuelesco* cuyo único atributo distintivo es una amabilidad anodina.

Este no es el Dios de la Biblia. La Biblia nos dice que todo ser humano merece legítimamente la ira de Dios, y si no fuera por su oferta de salvación a través de Jesús, todos estarían bajo esa ira. Nunca debemos asumir que la misericordia y la gracia de Dios de alguna manera anulan su rectitud y justicia. Más bien, el plan de salvación de Dios es tan grande que proporciona una vía de escape de su ira, sin contradecir su justicia. Por lo tanto, cuando venimos al Padre a través de Jesús, según su plan de gracia, somos rescatados de la ira de Dios que merecemos plenamente.

Pero, ¿de qué somos salvados? Cuando ponemos nuestra fe en Jesús, somos rescatados de la opresión dominante del mundo, de la carne y del diablo, así como de la justa ira de Dios. Trágicamente, muchos ignoran su necesidad de ser rescatados de estos peligros. El dios de este siglo les ha cegado los ojos (2 Cor. 4:3-4), y no pueden ver su necesidad de Jesús ni su provisión.

Gracia en la persona y obra de Jesús

Aunque podamos estar de acuerdo con nuestra necesidad de ser salvos, ¿cómo la gracia hace posible la salvación? Primero, todo cristiano estaría de acuerdo en que somos salvos por la persona y obra de Jesús, y su persona y obra son un ejemplo del amor misericordioso de Dios hacia nosotros. El apóstol Juan nos dice que «aquel Verbo fue hecho carne, y habitó entre nosotros [...] lleno de gracia y de verdad [...]. La gracia y la verdad vinieron por medio de Jesucristo» (Juan 1:14, 17). O, en otras palabras, cuando Jesús se hizo hombre, encarnó la gracia de Dios.

El hecho de que Jesús viniera demuestra el amor inmerecido de Dios hacia nosotros. ¿Merecía la humanidad, ya sea como grupo o individualmente, que Jesús descendiera del cielo? ¿Hubo una votación popular en la tierra para reformarnos para la venida del Mesías? ¿Miró Dios desde el cielo y dijo: «Hay un grupo de personas que son tan buenas que merecen un Salvador»? Sin lugar a dudas, estos pensamientos son ridículos. Jesús vino a un mundo hostil, que odiaba a Dios y que estaba impregnado de pecado. No vino porque nos mereciéramos un Salvador; vino porque Dios ama a los perdidos.

La venida de Jesús no fue lo único que mostró la gracia de Dios, su vida entera mostró gracia. Curiosamente, Jesús nunca usó la palabra gracia en sus enseñanzas (excepto en el sentido de acción de gracias). Posteriormente, a través del apóstol Pablo, Dios reveló una enseñanza específica sobre la gracia. Y aunque Jesús rara vez usó la palabra, a menudo en sus enseñanzas estuvo presente la idea de la gracia. Y lo que es más importante, su vida y su ministerio fueron un ejemplo de la gracia de Dios en acción. Su amor por los pecadores y los marginados sociales mostró claramente el favor inmerecido de Dios. Los recaudadores de impuestos, las prostitutas y otros pecadores de los que Jesús se hizo amigo no recibieron su amor porque fueran dignos, sino por la gracia encarnada en Jesús.

Si Jesús solo hubiera mostrado el amor de Dios durante su ministerio terrenal a aquellos que lo merecían, ningún enfermo habría sido sanado, ningún endemoniado habría sido liberado y ningún pecador habría sido perdonado. Toda su vida y ministerio estuvieron marcados por la gracia de Dios.

Y, sin embargo, la gracia se manifestó con más fuerza en la muerte de Jesús. Nadie puede leer los relatos evangélicos del arresto, el juicio y la crucifixión de Jesús sin darse cuenta de que murió por los que no lo merecían. Nadie hizo nada para ganar tal muestra de amor, pero Dios la dio de los tesoros de su gracia. En el Calvario, Dios mostró las riquezas de su amor en la mayor medida. En contraste, el pecado y el odio de la humanidad también se mostraron en el Calvario en su grado más oscuro. ¿Qué podría ser peor que la gente que se regocija en asesinar al Dios de perfecto amor y justicia? En la cruz, lo mejor del amor de Dios y lo peor del odio del hombre se enfrentaron y lucharon, y la tumba vacía de Jesús proclamó que el amor y la gracia de Dios salieron victoriosos.

La muerte de Jesús en la cruz no solo nos muestra la gracia de Dios, sino que también permite que la gracia y el perdón sean otorgados al creyente sin ninguna violación de la rectitud o justicia de Dios. Este es un aspecto importante y, a menudo, mal entendido de la obra de Jesús en el Calvario. Dios no podía decirle a un pueblo rebelde: «Bueno, son libres de culpa por mi gracia». Eso hubiera sido una completa violación de su rectitud y justicia. No pensaríamos bien de un juez terrenal que decidiera dejar libres a los infractores de la ley simplemente porque estaba de buen humor ese día. Diríamos, con razón, que ese juez es incompetente y que debería ser destituido. De la misma manera, Dios puso en Jesús «la culpa» cuando fue crucificado. El juicio que justamente merecíamos fue derramado sobre Él cuando tomó el lugar de la humanidad pecadora. La cruz no eludió la justicia de Dios; sino que satisfizo su justa ley. El castigo fue pagado por Jesús en lugar de por el creyente. Así que la cruz permitió que la gracia de Dios operara para la salvación del hombre, sin violar ni su rectitud ni su justicia.

El día que Jesús murió en la cruz fue un día de juicio. Jesús, quien no conoció pecado, fue hecho pecado por nosotros (2 Corintios 5:21), y tomó el juicio que los pecadores merecíamos. Pero también hay un día de juicio venidero ante el gran trono blanco de Dios. Todos los que estén ante Él en ese día serán juzgados y condenados si sus nombres no se encuentran en el Libro de la Vida. Hoy, Dios ofrece a toda la humanidad la oportunidad de elegir. Si decidimos confiar en Jesús y arrepentirnos de nuestros pecados, entonces todos nuestros pecados serán considerados como juzgados mediante el sacrificio de Jesús en la cruz del Calvario. Si decidimos rechazarlo y aferrarnos a nuestro pecado, seremos juzgados ante el gran trono blanco de Dios y cargaremos con nuestro castigo. La gran verdad que debemos comprender es que la justicia de Dios requiere que todo pecado sea juzgado, y lo será. Sin embargo, tenemos el privilegio de elegir entre cargar con nuestra propia pena por el pecado o recibir la obra sustituta del Calvario, y ser salvos a través de Jesucristo.

Hemos visto como la encarnación, la vida y la muerte de Cristo nuestro Salvador, muestran la gracia de Dios hacia la humanidad. Dios hizo todo esto por un pueblo que no lo merecía. Pero la verdad de la tumba vacía es diferente, porque hay un sentido en el que Jesús no resucitó de entre los muertos, principalmente, por nuestro bien; esto tenía que suceder. La resurrección de Jesús era inevitable. Fue resucitado de entre los muertos porque lo merecía. La resurrección no fue producto del amor misericordioso de Dios por la humanidad. Así como el Padre podía juzgar con justicia el pecado del hombre puesto sobre Jesús, no podía permitir con justicia que Jesús permaneciera en la muerte.

En el sermón que Pedro predicó el día de Pentecostés, reconoció este principio cuando percibió que el salmista David estaba expresando proféticamente la mente de Cristo cuando dijo: «Porque no dejarás mi alma en el Hades, ni permitirás que tu Santo vea corrupción (Hechos 2:27).

Jesús no había hecho nada malo cuando cargó con el pecado del mundo. De hecho, fue el mayor acto de amor y entrega de todos los tiempos. Por lo tanto, no sería justo ni correcto que Jesús permaneciera atado con las cadenas de la muerte, y el Padre no podía permitir que su Santo se pudriera en una tumba. Jesús merecía ser resucitado de entre los muertos en triunfo y gloria.

Así que la resurrección era inevitable para Jesús. Pero gracias a la gracia, podemos compartir su victoria sobre la muerte. Dios habría estado completamente justificado al reservar el poder y los beneficios de la resurrección solo para Jesús. Él merecía esa victoria sobre la muerte y nosotros no. Pero por la extraordinaria gracia de Dios, Él nos permite compartir el triunfo de Jesús sobre la muerte al otorgarnos la promesa de la resurrección y la vida eterna. La gloria de la resurrección de Cristo es un anticipo de la nuestra. Él es la primicia de la resurrección.

La gracia en nuestra salvación

La persona y la obra de Jesús no solo nos muestra la gracia, sino que nos regala la oportunidad de experimentar esa gracia en nuestras vidas. Esta obra de Dios en nosotros muestra que la salvación es por gracia. La mayoría de nosotros pasamos semanas, meses o, tal vez, hasta años de preparación antes de tomar una decisión por Jesucristo. ¿Por qué trabajó Dios en nosotros durante tanto tiempo? Todos deberíamos preguntarnos: «*¿Por qué me escogió Dios?* ¿Por qué trabajaría Él en mi corazón, haciéndolo sensible al evangelio? ¿Fue porque lo merecía?». Cuando nos examinamos honestamente, solo podemos responder que no.

Dios no buscó de un lado a otro de la tierra para encontrar a alguien digno de salvación y luego elegirnos a usted o a mí. Las razones de su elección descansan enteramente en Él. Él eligió preparar nuestros corazones para la salvación porque quería, no porque lo meciéramos. Quizás, hubo circunstancias específicas que lo llevaron a usted a su decisión de seguir a Jesús. ¿Por qué dispuso Dios esas circunstancias? Por su gracia. Afortunadamente, la Biblia nos dice que somos «justificados gratuitamente [no tenemos que ganárnosla] por su gracia, mediante la redención que es en Cristo Jesús» (Romanos 3:24).

El hecho de que nuestra salvación descanse sobre el fundamento de la gracia es sumamente reconfortante. A diferencia de la fe o las obras, la gracia es un fundamento seguro y firme para nuestra salvación. Nuestra fe puede vacilar, nuestras obras pueden fluctuar; pero la gracia de Dios permanece igual. Si la salvación se basara en mi fe, me preguntaría si soy salvo cada vez que experimentara dudas. Si se basara en mis buenas obras, todo pecado pondría en entredicho la vida eterna. Pero la salvación se basa en la gracia de un Dios que no cambia. ¡Qué alivio saber eso! ¡Qué paz y descanso trae!

Por gracia, mediante la fe

Lo siguiente que nos dice Efesios 2:8-9 acerca de nuestra salvación es que somos salvos por medio de la fe, y que la fe no proviene de nosotros mismos. Esto nos lleva a un punto que puede parecer meramente técnico, pero que en realidad es vital para nuestra comprensión de la salvación y la gracia. Observe que Pablo no nos dice que somos salvos «por fe», sino que somos salvos «por gracia por medio de la fe».

Esta es una distinción importante. La obra de nuestra salvación se realiza por gracia, y la gracia salvadora se recibe por fe. Dios da lo que a los teólogos les gusta llamar «gracia común» a todos. Mateo 5:45 dice que la lluvia cae «sobre los justos y los injustos por igual» (NTV). Pero las riquezas de la gracia salvadora están reservadas para aquellos que recibirán esa gracia por fe. Pablo repite este pensamiento en Romanos 5:2, donde nos dice que nuestro acceso a la gracia es por fe. Y así, es solo por nuestra fe que llegamos a esta posición de gracia (favor inmerecido que resulta en salvación).

Cuando decimos que recibimos la gracia por fe, debemos recordar que la fe no es una obra que nos hace merecedores de la gracia. Existe el peligro de pensar en la fe como una obra por la cual ganamos el favor de Dios. La fe genuina dará fruto de buenas obras y no puede separarse de ellas; de esto trata gran parte de la carta de Santiago. Aunque las buenas obras acompañan a la verdadera fe, la fe por sí sola no es una obra. La fe simplemente ve el ofrecimiento de Dios y cree que es verdadero. Ella mira las promesas de Dios y dice: «Creo que son para mí». En términos simples, la fe es negarse a llamar a Dios mentiroso. Es tomar la Palabra de Dios al pie de la letra y confiar en que tanto Él como su Palabra son confiables. Cuando no tenemos fe, negamos que la Palabra de Dios es verdad y lo llamamos mentiroso. ¿Qué mérito hay en no llamar mentiroso a Dios? Eso es solo sentido común.

Hay una historia sobre un hombre que enseñaba en una clase de escuela dominical llena de niños pequeños. Un día le ofreció a un niño de la clase un reloj de pulsera nuevo. El niño pensó que era un truco. Temiendo que sus compañeros de clase se rieran de él cuando se revelara el truco, rechazó el reloj. El maestro entonces le ofreció el reloj al siguiente niño, pero este niño siguió el ejemplo del primero. Uno por uno, cada niño rechazó el reloj, porque la oferta parecía demasiado buena para ser verdad, y cada uno creyó que el maestro quería engañarlos. Pero cuando el maestro le ofreció el reloj al último niño, este tuvo la valentía de aceptarlo. Y cuando el maestro le dio el reloj, los demás se asombraron, y hasta se enojaron. El maestro aprovechó la situación para mostrarles que, por muy bueno que pueda parecer un regalo cuando se ofrece, los que lo reciben deben creer en la palabra del que lo da y deben recibir el regalo antes de que pueda hacerles algún bien.

En 1829, el Tribunal de los Estados Unidos condenó a la horca por asesinato y robo a un hombre de Pensilvania llamado George Wilson. El presidente Andrew Jackson lo indultó, pero Wilson rechazó el indulto e insistió en que no estaba verdaderamente indultado si no aceptaba el indulto. Se trataba de una cuestión jurídica que nunca se había planteado, y el presidente Jackson recurrió al Tribunal Supremo para que decidiera. El presidente de la Corte Suprema, John Marshall, tomó la siguiente decisión: «Un indulto es un papel, cuyo valor depende de su aceptación por parte de la persona implicada. Si se rechaza, no es un indulto. George Wilson debe ser ahorcado».[32] De la misma manera, la oferta de Dios de perdón y salvación en Cristo Jesús se ofrece a muchos, pero solo los que confían en Dios y su Palabra obtendrán los beneficios de ese perdón.

Nuestra respuesta de fe es importante para la obra de la gracia, porque completa la conexión. Si elijo darle un dólar por gracia, usted debe recibir ese dólar por fe antes de que pueda hacerle algún bien. Si usted no tiene fe en mi oferta, entonces la oferta no sirve de nada. El mismo principio de recibir la gracia por fe está en acción con respecto a la salvación. Debemos creer y recibir para que la conexión sea completa. Pero primero debemos vaciar nuestras manos de aquello a lo que nos aferramos si queremos recibir lo que Dios quiere darnos.

A los predicadores les gusta contar la historia del niño al que una vez se le atoró la mano en un jarrón. Sus padres intentaron de todo para sacarla, pero seguía atorada y el niño empezó a asustarse. Finalmente, parecía que sus padres tendrían que romper el jarrón para liberar la mano. Justo antes de que lo rompieran, el niño preguntó: «¿Ayudaría si suelto el centavo que tengo en la mano?». De la misma manera, hasta que no nos despojemos de cualquier cosa insignificante a la que nos estemos aferrando, nunca podremos ser libres y recibir por fe.

Por lo general, tenemos las manos tan ocupadas con lo que es falso y con servirnos a nosotros mismos que no podemos recibir la oferta de salvación de Dios. De eso se trata el arrepentimiento. Es vaciarnos de lo falso y erróneo que hay en nosotros para que por medio de la fe podamos recibir lo que Dios tiene para darnos.

Efesios 2:8-9 nos dice que esta fe es «la obra de Dios en nosotros». Ni siquiera tendríamos la fe para creer y recibir si Dios no hubiera realizado previamente esa obra en nosotros. Por lo tanto, comprendemos aún más que la fe no puede ser una obra merecedora de ganar la gracia para salvación; la fe, simplemente, la recibe. En Hechos 18:27, Lucas describe a un grupo de conversos en la iglesia primitiva como «los que habían creído por la gracia». Su creer, como toda fe verdadera, fue una obra de gracia en sus vidas, realizada por Dios.

No por obras

Finalmente, en Efesios 2:8-9, Pablo nos dice que Dios dispuso este sistema para que nadie pueda jactarse de que sus obras le otorgaron la salvación. Piense en qué lugar tan horrible sería el cielo si la salvación fuera por obras en lugar de por gracia. Todos se jactarían de que son fieles, de cuántos han llevado a Jesús, y de cuánto han dado por su causa. Habría mucha falsa humildad y discusiones sobre quién es el más humilde. Debemos agradecer a Dios que haya decidido ofrecernos la salvación de una manera que silencie toda nuestra jactancia.

Nuestro problema es que muchas veces queremos una salvación por obras para poder jactarnos, aunque solo sea en nuestro interior. Podemos hacer buenas obras para probarles a los demás lo buenos cristianos que somos o lo «salvos» que somos. Apreciar un sistema donde la salvación es dada y la jactancia es silenciada va en contra de nuestro deseo natural. Por eso el hombre natural, apartado de la obra de Dios, odia la gracia y el sistema de salvación basado en ella. La gracia no tiene en cuenta lo que merecemos, pues es solo la dádiva misericordiosa de Dios. La gracia niega cualquier expresión de nuestro orgullo. Nos dice que le debemos todo a Dios, y que Él no nos debe nada. James Moffatt lo dijo así:

> «La «gracia» sugiere que uno tiene una obligación con Dios, mientras que el credo no escrito de muchos es que Dios tiene una obligación con ellos o, en todo caso, que Él debe ser usado en lugar de adorado».[33]

Esta es la razón por la que los orgullosos rehúsan venir a Dios a través de su sistema de gracia. Las personas orgullosas asumen que ya tienen el favor de Dios y que no hay necesidad de recibir la salvación que Jesús trae.

En resumen:

- El orgullo exige el reconocimiento de los méritos; la gracia se niega a reconocerlos.
- El orgullo hace que nos consideremos mejor que los demás por razones superficiales; la gracia de Dios hace que todas las personas sean vistas como iguales.
- El orgullo le da la preeminencia a uno mismo; la gracia da a Dios la preeminencia.

¿Es de extrañar que «Dios resiste a los soberbios, pero da gracia a los humildes»? (Santiago 4:6). Los humildes están dispuestos a recibir la gracia de Dios para salvación porque reconocen su necesidad ante Dios y están dispuestos a venir a Él sobre la base de su gracia y no de sus propias obras. Por lo tanto, los cristianos que son orgullosos también son ciegos. Los creyentes que son orgullosos no entienden que son aceptados por Dios solo en la gracia y el mérito de Jesús, sin tomar en cuenta lo que creen que merecen por su propia bondad.

¿Cómo se aplican estas verdades?

Primero, debemos reconocer que el gran secreto de la vida cristiana es creer y consentir en ser amados, aunque seamos indignos. Muchas personas posponen recibir la salvación porque no se sienten dignos de ella. Otros, nunca reciben el amor de Dios porque están convencidos de que no merecen tal regalo. La gracia nos dice esto: el hecho de que no seamos dignos no importa. La gracia no es gracia a menos que se dé sin pensar en el mérito de aquel a quien se le da. Como dijo Moffatt al reflexionar sobre la comprensión de la gracia por parte del apóstol Pablo: «Solo aquellos que están preparados para reconocer que son indignos, pueden poner su fe en el Dador de la gracia».[34]

En otras palabras, no es necesario *buscar* la gracia de Dios; es necesario *aceptarla*, ya que se ofrece gratuitamente a aquellos que la reciben por fe. Muchas personas pasan toda su vida sin conocer la gracia de Dios porque no la reciben a menos que sientan que se la han ganado. La gracia que debe ser ganada no es gracia en absoluto.

44

No se deje engañar por la mentira que le dice que espere hasta que se sienta merecedor. Cuando se sienta merecedor, entonces estará en peligro de caer en el pecado del orgullo.

Si usted ya ha puesto su confianza en Jesús para salvación, entonces regocíjese en su salvación que ha sido obtenida por gracia. Dios ha diseñado el sistema de la gracia para que lo glorifique a Él y no al hombre. Por lo tanto, la respuesta apropiada por recibir la salvación es alabar al Dios de tal gracia. Y mientras lo alaba, prometa servir al Rey de su salvación en agradecimiento por todo lo que le ha dado.

Si usted ha recibido esta gracia, que es la base de su salvación del pecado, procure hacer más por la gracia de lo que alguna vez hizo por el pecado. ¿Aman los pecadores su pecado más de lo que nosotros amamos al Dios de nuestra salvación? ¿Sirve el mundo al pecado con más entusiasmo de lo que nosotros servimos a nuestro Dios de gracia? Debemos comprometernos a un amor más fuerte y un servicio más completo, no para ganar el favor de Dios, sino para mostrar nuestra gratitud por tal favor recibido.

Capítulo Cuatro

Firmes en la gracia

Justificados, pues, por la fe, tenemos paz para con Dios por medio de nuestro Señor Jesucristo; por quien también tenemos entrada por la fe a esta gracia en la cual estamos firmes, y nos gloriamos en la esperanza de la gloria de Dios. (Rom. 5:1-2)

Una noche, el famoso científico Albert Einstein asistió a una cena. La vecina de Einstein, que era una niña, le preguntó al canoso profesor: «¿Cuál es su profesión?».

Einstein respondió: «Me dedico al estudio de la física».

La niña lo miró asombrada: «¿Quiere decir que aún estudia física a su edad? ¡Yo terminé con ella hace un año!».[35]

Quizás, usted tenga la misma actitud hacia la gracia de Dios. Muchos cristianos reciben el mensaje de que terminan su parte con la gracia poco después de su conversión, y que luego deben pasar a verdades más profundas. Si así es como usted piensa, no se sienta mal. Puede ser el resultado de lo que le han enseñado. Pero este pensamiento priva a muchos cristianos de la vida abundante que Jesús prometió.

Sí, somos salvados por la gracia. Pero la obra de la gracia no termina cuando nacemos de nuevo. La gente que piensa que la obra de la gracia es para el pasado y no para el presente, es probable que sea víctima de una vida sin gracia. No entienden que no solo somos salvados por la gracia, sino que también permanecemos en la gracia.

Primero lo primero

Dios nunca tuvo la intención de que su obra de gracia solo fuera para el comienzo de nuestra vida cristiana. En la Biblia leemos acerca de la importancia de permanecer en la gracia, continuar en la gracia y nunca apartarse de la gracia como el principio que guía nuestras vidas. Continuar en la gracia significa que debemos vivir con la certeza de que el favor y el afecto de Dios son nuestros porque estamos en Jesucristo. La gracia dice que Dios nos aprecia a cada uno de nosotros como su hermosa y valiosa posesión y que siempre nos amará y cuidará. Como ya hemos visto, lo que Dios siente por nosotros es por quien Él es, no por quienes nosotros somos, ni siquiera por lo que prometemos llegar a ser.

Pablo les advirtió repetidamente a los cristianos que no debían apartarse de la gracia, y «los persuadía a que permanecieran en la gracia de Dios» (Hechos 13:43). Por supuesto, Pablo predicó que la salvación era por gracia (Efesios 2:8), pero pensaba que la gracia no terminaba con el llamado. La gracia es el principio por el cual los seguidores de Jesús deben vivir. Este principio que nos salvó es el mismo principio que debe marcar nuestro andar cristiano de inicio a fin.

Por esta razón, algunas de las advertencias más fuertes del Nuevo Testamento son para aquellos que están en peligro de caer de la gracia (como en Gálatas 5:1-4). Pedro conocía la importancia de la gracia en tiempo presente cuando escribió: «esta es la verdadera gracia de Dios, en la cual estáis» (1 Pedro 5:12). Claramente, para los primeros cristianos, la gracia debía ser la posición constante de un discípulo de Jesús y no solo la forma de comenzar la vida cristiana.

Una partida trágica

Por alguna razón, a los cristianos les resulta demasiado fácil abandonar la gracia en nombre del crecimiento. Cuando la iglesia parece atribulada por una crisis, el énfasis en la gracia puede parecer un lujo. Lamentablemente, muchos de los primeros cristianos se apartaron pronto de la sencilla enseñanza de la vida en la gracia. Después de que Pablo y los otros apóstoles dejaron este mundo, no pasó mucho tiempo antes de que algunos cristianos empezaran a ignorar las advertencias del Espíritu que fueron hechas para asegurarse de que continuaran en la gracia. No reconocieron que se nos dice «creced en la gracia y el conocimiento de nuestro Señor y Salvador Jesucristo» (2 Pedro 3:18); no que nos alejemos de la gracia o que crezcamos más allá de la gracia.

En las décadas posteriores a la muerte de los apóstoles, comenzaron a aparecer escritos que mostraban una desviación de las enseñanzas del Nuevo Testamento sobre la gracia —escritos con tendencia a continuar con los principios legalistas del judaísmo. Esta fue la dirección hacia el fariseísmo que afligió tanto a Jesús. Algunos prominentes maestros cristianos trataron de predicar una fuerte moralidad para que la iglesia tuviera una reputación impecable. Pero en su énfasis en el desempeño personal, descuidaron la gracia de Jesús que mora en nosotros como el fundamento para una vida correcta.

En poco tiempo, las sectas comenzaron a enseñar que no podía haber purificación ni regreso al favor de Dios si un cristiano pecaba después de ser bautizado. Otros grupos creyeron que solo se permitía un pecado «mayor» y que después de eso, nunca podría haber perdón o restauración.

Algunos enseñaron que Jesús había pagado la primera cuota de nuestra deuda moral con Dios y que con ello nos liberaba de la bancarrota moral. Pero también decían que una vez liberados, ¡debíamos seguir pagando nuestra deuda! Al tratar de mantener a los cristianos puros, muchas personas comenzaron a pensar que la madurez cristiana significaba ganarse el camino hacia Dios.

Cuando la iglesia habla del problema del pecado en la vida cristiana, a menudo se aleja de la gracia, solo para encontrarse con que las reglas y regulaciones no tienen ningún poder real para restringir la carne. Entonces, a menudo, la iglesia se desliza hacia el legalismo, el cual promueve un celo moral; pero nos aleja de la comprensión de que la salvación es el don gratuito de Dios, dado por gracia. Esto hace que la salvación sea algo que debamos ganar o merecer, al menos en parte. En su libro *The Doctrine of Grace in the Apostolic Fathers* (*La doctrina de la gracia en los padres apostólicos*), Thomas Torrance resumió esta actitud:

> La nueva vida en Cristo no se concibe como un don, sino como algo por lo que se debe luchar durante un período de prueba en el que los hombres están sujetos a una estricta conformidad con la ley [...]. Para estos cristianos, la salvación se ha convertido en algo inseguro que depende de perseverar hasta el final.[36]

Esta es la actitud del cristianismo sin gracia, que no es el cristianismo del Nuevo Testamento. Claramente, la Biblia nos dice que la gracia es un principio firme y permanente en la vida cristiana; no una mera introducción. James Moffatt enfatizó esta verdad:

> «Un elemento esencial de la enseñanza del apóstol sobre la gracia es que esta actitud de receptividad hacia el don de Dios no es una fase preliminar, sino una condición permanente».[37]

El hijo de Dios no solo es salvado inicialmente por gracia, sino que también se «mantiene salvo» por gracia. Pablo insistió correctamente: «No desecho la gracia de Dios» (Gal. 2:21). El cristiano permanece en la gracia. Una visión no bíblica y sin gracia es que el comienzo de la vida cristiana es en la gracia, pero que conservar la salvación es nuestro trabajo. Esta enseñanza no bíblica tiende a ir más allá en su negación de la gracia. Alguien que niega que el cristiano permanece en la gracia, eventualmente, negará que el cristiano es verdaderamente salvo por gracia. Así sucedió con muchos creyentes en las generaciones posteriores a los apóstoles.

Permanecer en la gracia

¿Cómo podemos permanecer en la gracia de Dios? ¿Cómo evitamos la fuerte tendencia a alejarnos de la gracia en lugar de crecer en ella? Primero, debemos entender que Dios dio un camino de acceso a una posición de gracia. En Romanos 5:2, Pablo dice que nuestro «acceso» a esta posición de gracia es por fe. Esta palabra, acceso, describe la introducción o la entrada de alguien a la presencia de la realeza.[38] Por la fe, tenemos acceso al favor del Rey.

A veces me pregunto cómo sería codearse con los ricos y famosos o con los que mueven los hilos de nuestro mundo. Recuerdo cuando mis amigos solían ir a conciertos de rock y su posesión más preciada era un pase entre bastidores porque les daba acceso a las estrellas. Tenían el privilegio de ir a donde otros no podían ir. Cuando el cartel decía: «Solo personal autorizado», ellos sabían que estaban autorizados. Pero, realmente, tener acceso al político o a la celebridad de la actualidad no es nada comparado con reunirse con el Rey del Cielo. Ese es un acceso verdaderamente privilegiado y es el derecho de todo cristiano por fe.

Pablo usó palabras enfáticas en Romanos 5:2, y literalmente escribió: «tenemos entrada por la fe a esta gracia en la cual estamos firmes».[39] Nuestro camino de acceso a Dios es permanente y nunca será negado. No es temporal. Nuestro derecho de entrada no será revocado. Los que confiamos en Jesucristo tenemos una condición permanente de favor y aceptación. Con respecto a este acceso, Charles Spurgeon dijo:

> En cuanto tengo una conexión vital con el Cordero de Dios, estoy «en la gracia». Que siga viviendo, que crezca mi gracia, que aumente mi fe, que mi celo sea más cálido, que mi amor sea más ardiente, no me hará estar más «en la gracia» que antes. Dios no me amará más, no tendrá un afecto más profundo ni más puro en su corazón hacia mí en ese momento que el que tiene en el primer momento en que me vuelvo a Él, ni su gracia me justificará menos, ni me aceptará menos en el primer momento en que me acerque a Él con todos mis pecados, de lo que lo hará cuando me encuentre ante el trono. [40]

Los escritores antiguos utilizaban a menudo esta expresión sobre la gracia de Dios: «hallar gracia ante los ojos de Jehová».[41] Sin embargo, el Nuevo Testamento nunca utiliza esta expresión para describir la posición de gracia del cristiano. Se evitó esta frase, porque en los días de los apóstoles podría haber implicado la creencia en un dios malhumorado e impredecible, un dios constantemente enfadado y al que había que calmar o encontrar en el estado de ánimo adecuado. Esta selección de palabras también podría implicar que una persona nunca podría estar segura de confiar en Dios.

La Biblia no describe ese tipo de dios brusco y temperamental. La posición de gracia y favor que tenemos en Jesús es un lugar firme y seguro. Moffatt dice acerca de este aspecto de la gracia de Dios:

> Para él [Pablo] la gracia era provista en el evangelio por un Dios que no tenía estados de ánimo ni caprichos; la gracia significaba su actitud característica e invariable hacia los hombres necesitados de ayuda; era un favor que debía aceptarse en lugar de buscarse, un favor ofrecido libremente para ser aceptado por fe.[42]

No tenemos que hurgar en un cielo oscuro con la esperanza de encontrar la gracia del Señor. Al contrario, su favor inmerecido ya nos ha encontrado y, simplemente, debe ser recibido por un corazón creyente.

Lo último contra lo que Satanás quiere luchar es contra un cristiano que realmente entiende la gracia de Dios y cómo acceder a ella. Así que le miente y trata de desanimarlo para que no permanezca en ella. Él puede tratar de convencerlo de que Dios está de mal humor, de que está exaltado y, probablemente, irritado con usted en este momento. O puede tratar de decirle que usted es demasiado pecador para siquiera presentarse ante Dios. Satanás tiene mucha experiencia como acusador de los hermanos (Ap. 12:10). Ya sea que las mentiras sean sobre Dios o sobre usted, todas las respuestas contra ellas vienen al conocer la verdad.

Si el acusador te dice: «¡Eres un pecador! ¡No puedes presentarte ante Dios!», el cristiano puede responder: «Sé que soy pecador, pero estoy justificado en Jesús» (como dice Rom. 3:23-24). Si te dice que tu pecado es demasiado grande o demasiado horrible, háblale de la grandeza de la justicia de Jesús, ¡porque esa es la posición que tienes! Si te recuerda tus fracasos y reincidencias, dile que sabes todo acerca de ellos, pero que también conoces a un Dios que vino a salvar a los pecadores. Romanos 5:2 significa que tu acceso a estar en la gracia de Dios no puede ser negado. Jesús pagó el precio máximo para asegurarse de que tuviéramos un camino despejado hacia el trono de la gracia. Si te engañan haciéndote creer que no tienes derecho de acceso; entonces, el privilegio de la gracia por el que Jesús murió, nunca lo disfrutarás.

¿Acceso a qué?

Es alentador saber que nuestro acceso a la gracia de Dios no puede ser negado. Pero, ¿de qué sirve entrar en esa posición de gracia? ¿Qué beneficios podemos obtener de nuestro estatus de favor? Primero, observe que Pablo escribió acerca de «la gracia en la que nos encontramos». Nos paramos delante de Dios sobre la base de la gracia y no sobre cualquier otra base. No sobre la base de nuestras propias obras, ya sean pasadas, presentes o prometidas; ni sobre el principio de nuestra propia dignidad, ni siquiera como hijos de Dios.

Si no fuera por la gracia, no podríamos estar de pie delante de Dios. «Estar de pie» transmite una medida de confianza, seguridad y audacia. ¿Podría usted realmente estar de pie delante de Dios si se presentara ante Él sobre la base de lo que ha hecho? En ese momento, todos los pecados que alguna vez haya pensado en cometer serían hechos evidentes, obligándolo a arrodillarse en una humillante sumisión ante Dios. Afortunadamente, Dios ha proporcionado una mejor manera de llegar a su presencia. Venimos ante el trono del Rey más grande y eso es suficiente para hacer que cualquiera de nosotros tiemble de miedo. Sin embargo, el trono de este gran Rey es un trono de gracia.

No solo permanecemos de pie, sino que también permanecemos en la gracia. Esto significa que la actitud de Dios hacia nosotros es misericordiosa y llena de favor. Cuando Dios nos ve, es feliz. Él ve belleza en nosotros, porque estamos en Jesús. Permanecer en gracia significa que Dios se agrada de nosotros.

Hemos escuchado tantas veces decir «Dios te ama» que para muchos de nosotros esas palabras ya no tienen impacto. Sabemos que debemos creerlo, pero muchas veces nos resulta difícil aceptar que Dios se agrada de nosotros o que está complacido con nosotros en Jesús. A menudo, sufrimos por la idea de que Dios apenas nos tolera porque somos indignos, o que está irritado con nosotros la mayor parte del tiempo. Estamos tan familiarizados con nuestros pecados y defectos que estamos convencidos de que Dios está enojado o decepcionado de nosotros. Pero para aquellos que permanecen en la gracia, su posición ante Dios es una posición de favor, aceptación y belleza; en lugar de indignidad, irritación y tolerancia.

Antes de darse palmaditas en la espalda, recuerde que su posición en la gracia no tiene nada que ver con lo que usted ha hecho, lo que usted es, o lo que ha prometido ser. Su posición en la gracia es solo por el favor otorgado gratuitamente por Dios en Jesús. Aunque podemos disfrutar los privilegios de una posición favorecida delante de Dios, no podemos atribuirnos el mérito de esa posición privilegiada.

También podemos consolarnos con el hecho de que Dios estableció esta posición en la gracia como una característica permanente de nuestra relación con Él. Dios trata con sus hijos sobre la base de su gracia, y siempre será así. La gracia no es gracia si Dios la retira en una fecha posterior debido a nuestra falta de mérito. No debemos temer que algún día Él descubra lo malos que realmente somos y luego nos saque de su presencia. Dios nos concede las bendiciones de su favor por quien Él es, no por quienes nosotros somos ni lo que prometemos llegar a ser. Por lo tanto, debemos dejar de intentar darle a Dios una razón para amarnos. Muchos cristianos viven tratando seriamente de demostrar que son dignos del amor de Dios. Sin embargo, no pueden recibir ese gran amor porque están convencidos de que deben producir una razón para que Dios los ame. Lo asombroso es que Dios nos amó primero (1 Juan 4:19). Permanecer en la gracia significa que todas las razones por las que Dios nos ama están en Él y no en nosotros.

Dos principios

Dios trata con los cristianos según el principio de la gracia. A sus ojos, todos estamos delante de Él sobre la base de un favor inmerecido. Sin embargo, podemos elegir relacionarnos o no con Él por el mismo principio que Él se relaciona con nosotros. Dios trata con todos sus hijos sobre el principio de la gracia, pero nosotros podemos elegir tratar con Él sobre el principio de la ley o sobre el principio de la gracia. (Pablo hace la distinción elocuentemente en Gálatas 4:21-5:1). Hay una gran diferencia entre los dos sistemas; pero esta diferencia tiene que ver con nosotros, no con Dios.

Cuando venimos a Dios por fe, confiando en los méritos de Cristo y esperando amor y bendición por lo que Jesús hizo, eso es gracia. Cuando venimos a Dios por obras, confiando en nuestros méritos y esperando solo lo que sentimos que hemos ganado, eso es ley. Este principio de la ley nos resulta familiar a la mayoría de nosotros y se describe con la frase: «Obtienes lo que mereces». Si eres bueno, entonces Dios te recompensa; si eres malo, Él te castiga. Dios se relacionó con Israel por el sistema de ley. En su pacto con Israel, Dios dijo que serían bendecidos cuando obedecieran y maldecidos cuando desobedecieran. Lamentablemente, la historia bíblica de Israel mostró que las maldiciones superaron en gran medida a las bendiciones.

Los sistemas de la ley y de la gracia no pueden reconciliarse entre sí. Debido a que son sistemas opuestos, no podemos acercarnos a Dios contemplando ambos principios a la vez, ni siquiera con una combinación de los dos principios. Son diferentes entre sí en su misma raíz:

- La **ley** nos habla como miembros de la vieja creación, como personas manchadas y atadas por el pecado; la **gracia** nos hace miembros de una nueva creación, limpia las manchas y suelta las cadenas del pecado.
- La **ley** muestra lo que hay en el hombre (pecado); la **gracia** muestra lo que hay en Dios (amor).
- La **ley** exige justicia de nosotros; la **gracia** nos trae justicia.
- La **ley** sentencia a muerte a un hombre vivo; la **gracia** trae a un hombre muerto a la vida.
- La **ley** habla de lo que debemos hacer para agradar a Dios; la **gracia** habla de lo que Jesús ha hecho por nosotros.

- La **ley** da conocimiento de pecado; la **gracia** quita nuestro pecado.
- La **ley** nos habla de Dios; la gracia nos lleva a Dios.

Debido a estos contrastes, los principios de la ley y de la gracia no se mezclan. Lewis Chafer destaca la distinción entre los dos sistemas cuando dice:

«La ley de Moisés presenta un pacto de obras para ser forjadas en la energía de la carne; las enseñanzas de la gracia presentan un pacto de fe para ser forjado en la energía del Espíritu».[43]Estos dos sistemas se oponen entre sí como la carne al Espíritu, como la vida a la muerte y como Dios al pecado.

Si no debemos tratar con Dios sobre la base de la ley, ¿significa eso que la ley es mala o incorrecta? ¿No hay nada bueno que podamos decir sobre la ley? La Biblia nos dice que la ley misma es buena, santa y justa. Tiene un lugar importante en el plan de Dios, porque la ley revela el carácter de Dios y su santa norma. Ella realiza una función valiosa al señalar claramente (y dolorosamente) nuestras deficiencias y nuestra rebelión contra la norma de Dios. Pero como un principio para regir nuestra relación con Dios, la ley ya no tiene lugar en su plan.

Rechazar la gracia

Cuando por costumbre o por elección evitamos tratar con Dios sobre la base de la gracia, automáticamente adoptamos el otro principio para tratar con Dios: el de la ley. Conectarse al principio de la ley es la raíz de una vida cristiana sin gracia. Si abandonamos el nuevo pacto y deseamos relacionarnos con Dios sobre la base de lo que merecemos, los resultados son desastrosos. Muchos problemas en la vida cristiana se remontan a no relacionarnos con Dios sobre la base de la gracia. Podemos saber si estamos viviendo una vida según la ley en lugar de una vida según la gracia si analizamos un breve perfil de lo que es la vida cristiana sin gracia.

Los cristianos sin gracia viven con una nube perpetua de culpa, nunca están seguros de tener suficiente devoción o buenas obras como para agradar verdaderamente a Dios. Quieren desesperadamente complacerlo y hacer lo correcto, pero debido a que creen que la opinión de Dios sobre ellos se basa en su desempeño, sus mentes rara vez están tranquilas. Siempre sienten la presión de estar bajo la atenta mirada de un Dios que está listo para castigarlos a la primera señal de desobediencia. Los cristianos que viven según la ley nunca encuentran descanso duradero en el Señor.

Cuenta la leyenda que en los primeros días de la aviación los viajes aéreos eran una novedad peligrosa. Uno de esos pilotos pioneros se ofreció a darle a un anciano por su cumpleaños un paseo en avión sobre el pequeño pueblo de Virginia Occidental, donde había pasado sus 75 años.

El anciano aceptó el ofrecimiento y, tras sobrevolar el pueblo durante 20 minutos, volvió a tierra. Por supuesto, sus amigos le preguntaron: «¿Tuviste miedo?». «Mmm, no» —fue su vacilante respuesta. Luego añadió: «Pero nunca apoyé todo mi peso».

Muchos cristianos que viven bajo la ley también vacilan para confiar realmente en Dios. Les cuesta relajarse en su presencia y les resulta difícil sentarse y disfrutar lo que Él quiere darles. En lugar de experimentar la justicia, la paz y el gozo en el Espíritu Santo, sus vidas están marcadas por la culpa, la duda y el temor de que Dios descubra cuán malos son en realidad y que los trate como se merecen.

La mayor tragedia es que en casi todos los casos, los cristianos que viven bajo la ley tienen un corazón genuino por el Señor. Tienen una pasión sincera por agradarle; sin embargo, sufren bajo la inquietante conciencia de que no están a la altura de lo que Dios demanda. Lo que quieren más que todo es conocer el amor y la aceptación de Dios, pero creen que esta seguridad de su favor vendrá a través de su desempeño. La gracia dice que el amor y la aceptación que anhelamos de Dios es un regalo que nos ha sido dado gratuitamente en Jesús. Es algo que no podemos ganar por lo que somos o lo que hacemos. El cristianismo sin gracia es el arma más sutil y dañina de Satanás contra los cristianos que verdaderamente aman a Dios.

Los cristianos que se alejan de la gracia y viven bajo la ley a menudo experimentan una victoria inconsistente sobre el pecado. Esto se debe a que sus ojos están frecuentemente sobre sí mismos. Como creen que la opinión de Dios sobre ellos depende de sus acciones, analizan cada pensamiento, cada palabra y cada acción para poder predecir cómo los tratará Dios. Esta introspección centrada en uno mismo quita la capacidad de descansar y confiar en la fuerza del Señor. Sin permanecer en ese poder, no podemos caminar en el Espíritu y encontrar una victoria constante. El cristiano centrado en sí mismo por lo general tiene las mejores intenciones y quiere agradar a Dios. Sin embargo, debido a una mentalidad sin gracia, no se enfoca en Jesús, quien nos recuerda: «separados de mí nada podéis hacer» (Juan 15:5).

Cuando el hijo de Dios que vive según la ley experimenta victoria, puede ser aún más peligroso, porque esa victoria tiende a alimentar su orgullo. Empezamos a pensar que hemos vencido el monstruo del pecado y nos hemos hecho agradables a Dios, en lugar de ver que Cristo en nosotros vence el pecado y nos hace agradables a Él. Cuando esto sucede, Satanás atrapa su mayor premio: un santo que es sincero, pero que actúa con justicia propia. Bajo la ley, nuestros ojos están puestos en nosotros y no en Jesús, lo que hace que la victoria sea difícil de alcanzar; pero muy peligrosa cuando se alcanza.

El cristiano que vive bajo la ley puede mostrar poco deseo de reunirse con Dios o con su pueblo. Hay dos formas en las que un énfasis en la ley derrota el deseo de compartir en la comunidad cristiana. La ley a menudo hace que una persona diga: «No soy digno, no pertenezco». Cuando alguien se siente así, lo último que quiere es la compañía de otros cristianos que parecen estar tan bien con Dios. Por otro lado, una actitud legalista puede hacer que una persona piense: «Soy el único que vale la pena en este grupo, y ellos no pertenecen». Un énfasis en nuestro desempeño nos hace engreídos. Nadie es lo suficientemente santo o lo suficientemente bueno para las personas con esta mentalidad. Cualquiera de las dos perspectivas revela un cristianismo sin gracia, y ambas van en contra del espíritu de compañerismo.

A menudo, se puede distinguir a un cristiano que vive bajo la ley en lugar de bajo la gracia cuando se esfuerza por conseguir la aprobación de la gente porque no confía en la aprobación de Dios. La incertidumbre con respecto a la aceptación de Dios es paralizadora. Cuando nos sentimos así, podemos tratar desesperadamente de encontrar la aprobación de alguien más. Una vez que nos adentramos en la rutina de vivir para la alabanza del hombre, es difícil salir. Dios quiere llenar esa necesidad de aprobación dentro de nosotros al tratar con cada uno sobre el principio de la gracia.

Finalmente, los creyentes que viven bajo la ley pueden tener miedo al fracaso en el servicio cristiano y falta de audacia en sus vidas. Tienden a temer el fracaso porque creen que la aprobación de Dios está en juego en todo lo que hacen. Ayudar a una persona necesitada puede ser algo bueno; pero el cristiano que carece de audacia teme que, si comete un error, Dios pensará mal de él. El cristiano que vive bajo la ley puede tener miedo de hacer mucho por Dios porque cree que corre el riesgo de disgustarlo si le sirve mal.

Afortunadamente, Dios no trata con los cristianos sobre la base de la ley, sino según el principio de su gracia. Él nos ve en términos de favor, aprobación y belleza, y debido a que estamos en la gracia, podemos esperar de Dios bendiciones, no maldiciones. Bajo la ley, las bendiciones provienen de ganar y merecer. Bajo la gracia, las bendiciones provienen de creer y recibir. Por su gracia, Dios nos concede bendiciones incondicionales e inmerecidas. Es en respuesta a esas bendiciones que hacemos buenas obras y buscamos diligentemente servir y obedecer a Jesús. Incluso cuando respondemos con obediencia y devoción, esas buenas obras no le devuelven a Dios las bendiciones que da, porque el don de la gracia nunca requiere ni espera un pago.

¿No se enoja Dios con nosotros?

La mayoría de nosotros sabemos lo que se siente al ser disciplinado por Dios, y nos preguntamos si su disciplina no prueba que en realidad a veces sí se enoja con nosotros, o que no siempre nos trata según la gracia. La mano castigadora de Dios viene de diferentes maneras, pero a menudo es alguna dificultad que Dios pone en nuestra vida para que sirva como corrección. Algunas personas piensan que este tipo de «azotes espirituales» de nuestro Padre celestial prueba que a veces se enoja con nosotros y que nos envía mal cuando lo merecemos. Pero Hebreos 12:5-7 dice que debemos considerar la mano correctora de Dios como una marca especial de su favor y bondad:

> Y habéis ya olvidado la exhortación que como a hijos se os dirige, diciendo: Hijo mío, no menosprecies la disciplina del Señor, ni desmayes cuando eres reprendido por él; porque el Señor al que ama, disciplina, y azota a todo el que recibe por hijo. Si soportáis la disciplina, Dios os trata como a hijos; porque ¿qué hijo es aquel a quien el padre no disciplina?

Nuestro Padre celestial es un padre perfecto. Como padres terrenales, sabemos que es fácil disciplinar a los niños de manera incorrecta, por ira. Esto sucede cuando un niño irrita a los padres. Pero Dios nunca obra de este modo. Como padre perfecto, disciplina por amor. Podemos pensar que el castigo de Dios significa que está enojado o irritado con nosotros, pero es solo porque no lo vemos como el Padre perfecto que nos corrige con un amor perfecto.

Como todo padre sabe, la corrección amorosa es un servicio importante para un niño. Proverbios 13:24 dice: «El que detiene el castigo [de corrección], a su hijo aborrece; mas el que lo ama, desde temprano lo corrige». Cuando Dios nos corrige da lo mejor de sí mismo. Esto es, ciertamente, una marca de su gracia; aunque en el momento pueda ser doloroso o difícil. Dios, como Padre amoroso y perfecto, corrige a sus hijos por amor y bondad, nunca por ira o por el deseo de causar dolor.

Hacer una elección

Como seguidores de Jesús, nos queda una opción. Nuestra posición actual ante Dios es de gracia. Él nos ama y nos acepta independientemente de nuestros propios méritos. El Padre ve los méritos de Jesús, no los méritos del cristiano. Elegimos relacionarnos con Dios ya sea sobre el principio de la ley o sobre el principio de la gracia. ¿Estaremos de acuerdo con Dios y permaneceremos en la gracia durante toda nuestra vida cristiana? ¿O estaremos de acuerdo con el diablo y la carne y elegiremos ver nuestra posición delante de Dios según el principio de la ley? Esta elección afecta todos los aspectos de nuestra vida cristiana. ¿Cómo podemos hacer la elección correcta? Algunas resoluciones finales nos ayudarán.

Primero, debo decidir aceptar este favor de Dios porque Él lo ha prometido. Recuerde que tenemos acceso por la fe a esta gracia en la cual estamos firmes (Rom. 5:2). Dios me ofrece una relación de gracia, y debo aceptarla por fe en Él, confiando en su oferta. Dejaré de tratar de ganarme el favor de Dios y no esperaré hasta sentirme digno de recibir su amor.

En segundo lugar, debo entender que debido a que estoy en la gracia, no estoy a prueba delante de Dios. Dado que mi salvación o aceptación delante de Él se basa en los méritos de Jesús, no necesito preocuparme de que Dios esté esperando que yo fracase para poder apartarme de su presencia. La gracia proporciona una posición segura y eterna para el hijo de Dios, una que Él mantendrá por siempre. Soy aceptado en Cristo; por lo tanto, soy totalmente aceptado ahora mismo. Si la aceptación de Dios tuviera que obtenerse a través de mis méritos, entonces solo podría ser concedida después de que mi desempeño hubiera alcanzado el estándar de Dios. Pero bajo el principio de la gracia, no hay un período de prueba en el que Dios decida si realmente me quiere o no.

En tercer lugar, he decidido considerar la mano correctora de Dios como una señal de su bondad y favor, no de su ira y rechazo. Él solo corrige a los que ama.

Finalmente, espero ser bendecido por Dios sobre la base de los méritos de Jesús. Debido a que estoy en la gracia, disfruto del favor y la aceptación de mi Padre celestial, y espero que Él me bendiga según las riquezas de su gracia.

Capítulo Cinco

Aceptos en el Amado

Para alabanza de la gloria de su gracia, con la cual nos
hizo aceptos en el Amado. (Ef. 1:6)

Tennessee Williams, el famoso dramaturgo estadounidense, en una ocasión decidió buscar los servicios de un psicoanalista. Después de varias sesiones, de repente anunció que ya no hablaría con su terapeuta. Cuando se le preguntó por el motivo de esta decisión, respondió: «Se estaba entrometiendo demasiado en mi vida privada».[44]

Aparentemente, detrás de la respuesta humorística de Williams estaba la creencia de que se podía obtener poca ayuda del tiempo que pasaba en el diván de un analista. Tal vez, compartía la opinión de otro hombre del mundo del espectáculo, Samuel Goldwyn, quien en una ocasión dijo: «¡Cualquiera que vaya a un psiquiatra debería hacerse examinar la cabeza!».[45]

A pesar de tales opiniones, muchas personas hoy día buscan respuestas a sus problemas en la puerta del psicólogo. En su conjunto, la psicología actual es una mezcla heterogénea de ideas que van desde lo sublime hasta lo ridículo. Hay poco acuerdo entre los autoproclamados expertos y parece que hay tantas teorías diferentes como psicólogos con voces fuertes o artículos publicados. Para el ojo observador, los psicólogos no parecen poder hablar con una sola voz sobre nada; sin embargo, casi todos se unen con asombrosa armonía en este hecho de la socialización humana: tenemos una necesidad vital de sentirnos aceptados por los demás.

La necesidad de aceptación se muestra vívidamente en nuestro afecto por las historias sobre aquellos que alguna vez fueron rechazados; pero, luego, fueron recibidos por sus compañeros.

Por ejemplo, el elefante héroe del circo, Dumbo, fue despreciado y excluido por todos los demás animales del circo debido a sus orejas feas y desgarbadas. Nadie lo aceptó por lo que era, y parecía condenado a una vida de lágrimas y rechazo. Sin embargo, al final de la historia, todos los demás animales aceptaron e, incluso, honraron a Dumbo, porque había descubierto su maravilloso don de volar. Esas mismas orejas caídas que lo habían convertido en objeto de desprecio también lo hicieron admirado y aceptado por los demás.

Muchos de nosotros esperamos encontrar aceptación y aprobación de manera similar. Pensamos: «Si tan solo pudiera hacer algo espectacular, entonces los demás verían que soy una persona valiosa». A menudo, parece que estamos a solo un logro de saber verdaderamente que los demás nos aprecian. Con el logro adecuado, podríamos ganarnos su admiración y respeto y tener la maravillosa seguridad de que somos aceptados. Desafortunadamente, la mayoría de nosotros carecemos de los poderes especiales para hacer algo tan espectacular, y nos sentimos anclados en una lucha por encontrar aprobación y sentirnos valiosos.

¿Qué nos hace aceptados?

La sociedad no facilita nuestra búsqueda de aceptación, pues tiene una forma cruel de determinar nuestra valía. Este código rígido de lo que hace valiosa a una persona se predica prácticamente en todos los frentes. La televisión, las revistas, los periódicos, los grupos de amigos y los anunciantes, se unen en lo que parece ser una conspiración y nos dicen lo que se requiere si queremos ser valiosos.

El requisito número uno para ser aceptado como una persona valiosa es el atractivo físico. Los niños que son bien parecidos disfrutan de un estatus especial en la escuela y en el vecindario en comparación con sus amigos menos atractivos. Casi todos saben lo que es que se rían de las personas que se ven diferentes; pero, para algunos, esta dolorosa experiencia es una forma de vida.

Otros estándares para ser «alguien» en nuestra cultura incluyen inteligencia y riqueza. Si eres inteligente, o si la gente piensa que lo eres, puedes ser admirado, aunque no pases la prueba del atractivo. Si eres rico, la gente te acepta y te considera una persona valiosa porque tienes dinero. Pero si no eres hermoso, inteligente, ni rico, tienes tres *strikes* en tu contra.

Este es un sistema frío y brutal, pero está profundamente arraigado en nuestra sociedad, y debemos negarnos concientemente a estos estándares para pensar de manera diferente. La actitud del mundo con respecto a la aceptación social se basa en el principio de supervivencia del más apto. Los bellos, los inteligentes y los ricos tendrán éxito y buena suerte. Entonces, si alguna vez usted siente que no está a la altura de los estándares de este mundo, no se sienta mal; usted es parte de la mayoría.

Afortunadamente, como cristianos no tenemos que asumir los estándares del mundo como propios. Tenemos la Palabra de Dios para seguir, y esta ofrece una mejor manera de determinar el valor y satisfacer esa gran hambre de aceptación dentro de todos nosotros. Si aceptamos la forma de pensar de Dios, primero debemos dejar atrás deliberada y concientemente el pensamiento que caracteriza a nuestra sociedad. Debemos hacer un esfuerzo conciente para modelar nuestros valores según lo que dice Dios y no según lo que dice la mayoría.

En su carta dedicada a los efesios, Pablo enseña acerca de encontrar aceptación. En Efesios 1:6, describe «la gloria de su gracia, con la cual nos hizo aceptos en el Amado». Pablo reveló dos principios importantes en este pasaje. Primero, por gracia Dios ha hecho al creyente acepto en Jesucristo. Segundo, esta gracia es gloriosa, y esta obra de gracia está destinada a producir alabanza en nosotros.

Sentirse inaceptable

Todo el mundo tiene un enfoque diferente para hacer frente a su necesidad de aceptación. Algunos niegan esta necesidad, pero una necesidad no se puede satisfacer negando que la tenemos. ¡Fingir que no tenemos sed no satisface nuestra sed! Jugar a la negación generalmente produce una persona insegura con una fachada dura. Todo el mundo piensa que un individuo así es bien adaptado; pero, por dentro, estas personas a veces sienten que se están desmoronando.

Admitamos o no nuestra necesidad de sentirnos aceptados, la mayoría de nosotros convertimos esta necesidad en la sensación de que somos inaceptables o de que no valemos nada. Llegamos a creer que si no nos sentimos aceptados es porque somos personas inaceptables. Todo el mundo experimenta estos sentimientos de inferioridad de vez en cuando; pero para muchos, estos sentimientos de insuficiencia, falta de confianza y la certeza de no valer nada, son una forma de vida. A estas personas a menudo los perturba el pensamiento: «No les caería bien a mis amigos si realmente me conocieran». Esta desesperación se expresa en una vieja rima infantil:

> Nadie me quiere, todos me odian;
> creo que voy a comer gusanos
> pequeños y diminutos, grandes y viscosos.
> ¡Oh, cómo se menean y retuercen![46]

Nos convencemos de que el problema está en nosotros, pensamos que si fuéramos el tipo de personas que deberíamos ser, nuestra necesidad de aceptación sería satisfecha. Esto produce culpa, por un deseo que Dios inculcó en nosotros por una razón. Nos culpamos por algo que en realidad tiene un propósito glorioso y divino —es como odiarnos por sentir hambre o sed. En lugar de culparnos por un deseo que Dios ha puesto dentro de nosotros, deberíamos ir a satisfacer la necesidad de la manera que Él ha previsto. Desafortunadamente, la mayoría de las personas ignoran la manera en que Dios satisface esta hambre e intentan llenarla de otro modo.

Buscar aprobación

El filósofo griego Diógenes se paró una vez cerca de una estatua y le pidió dinero. Alguien se dio cuenta y le preguntó por qué hacía algo tan inútil, y él respondió: «Estoy practicando el arte de ser rechazado».[47] Eso puede estar bien para un antiguo filósofo griego, pero nuestra sociedad actual está entregada al ejercicio del arte de ser aceptados.

Cuando nos proponemos satisfacer nuestra necesidad de aceptación, generalmente tratamos de hacerlo con la fórmula del mundo. Buscamos hacernos lo más atractivos posible, tan ingeniosos e inteligentes como podamos ser, y tan ricos como podamos parecer.

Una mujer sufre y se abstiene de alimentos por hacer una dieta, se esclaviza con el pelo y el maquillaje, y luego se gasta un dineral en ropa y joyas. Un hombre invierte su tiempo y su dinero en el gimnasio para tener el físico adecuado. La gente lee con avidez libros y revistas para poder decir lo más acertado sobre los eventos de la actualidad o para tener a mano un comentario ingenioso. Las cosas se compran sin otra razón que la de impresionar a los demás. Hacemos esto porque anhelamos sentirnos aceptados por los demás, y estamos convencidos de que la belleza, la inteligencia y la riqueza nos abrirán el camino. Intentamos desesperadamente satisfacer esa necesidad de aceptación que Dios nos ha dado, pero lo hacemos de la forma equivocada.

Nuestra búsqueda de belleza o riqueza no es mala ni dañina; pero, como medio para responder a nuestra necesidad de aceptación, es completamente ineficaz. Pronto aprendemos que no es suficiente con ser atractivos. Una vez que logramos vernos hermosos, tenemos que mantenernos así y luchar contra el inevitable proceso de envejecimiento. Incluso si sentimos que nos hemos vuelto lo suficientemente atractivos, debemos soportar a aquellos que nos aceptan solo porque somos atractivos. Lo mismo ocurre con tratar de encontrar aceptación por cualquiera de los métodos del mundo. Trágicamente, no somos hermosos para siempre. Siempre hay alguien que es más inteligente o alguien que tiene más cosas adecuadas que impresionan a los demás. Con suerte, pronto descubriremos la vanidad de intentar encontrar la valía y la aceptación según los estándares de la sociedad, y dejaremos de seguir las reglas del mundo.

La necesidad de aceptación es un impulso muy universal y obstinado entre los seres humanos, y es razonable comprender que es Dios quien ha puesto esta necesidad dentro de cada uno de nosotros. Sabemos que Dios nos ha dado a todos deseos que se relacionan con el cuerpo físico (como el sueño y el hambre);

pero a veces no nos damos cuenta de que Él también ha puesto deseos emocionales dentro de nosotros. De ello se deduce que, si Él ha puesto esta necesidad en nosotros, también tiene una manera divina de satisfacer esa necesidad. Nuestros cuerpos físicos tienen hambre y sed, y Dios dispuso que esos deseos fueran satisfechos con comida y bebida. ¿Pero qué pasa con nuestra necesidad de ser aceptados por los demás? ¿Cómo ha designado Dios que se satisfaga esta necesidad?

Dios ha elegido satisfacer nuestra necesidad de aceptación a través de una relación con nosotros, mediante la cual recibimos su gracia para satisfacer esa necesidad. Fuimos creados para requerir también de otras personas, pero el fundamento de la aceptación debe establecerse solo en Dios.

Muy favorecidos por la gracia

En cierto sentido, la gracia puede describirse como la actitud de Dios hacia nosotros. Ella define lo que Dios piensa del cristiano, lo que Él siente por nosotros a la luz de lo que Jesús ha hecho. Nuestra posición sobre la base de la gracia se puede expresar así: somos muy favorecidos en Jesús, y nunca aceptados de mala gana.

En el idioma original del Nuevo Testamento, la palabra que Pablo usó para *aceptos* en Efesios 1:6 es *charito*. Esta palabra solo se usa dos veces en el Nuevo Testamento, y el segundo lugar donde aparece es en Lucas 1:28. En ese pasaje, el ángel Gabriel se acerca a María para decirle que ha sido elegida para ser la madre del Mesías. Esta fue una bendición única y especial, algo que la convirtió en la persona más privilegiada que jamás haya vivido. Cuando Gabriel se le apareció a María, sus primeras palabras fueron: «¡Salve, muy favorecida! El Señor es contigo». La frase «muy favorecida» es una traducción de la palabra *charito* del idioma original del Nuevo Testamento. Gabriel le dijo a María que ella era muy favorecida o llena de gracia a los ojos de Dios.

El apóstol Pablo usó esta misma palabra, *charito*, en referencia a como Dios ve al creyente en Jesús. En otras palabras, tan especial y bendecida como lo fue María, así somos nosotros para Dios. Él nos ve como seres muy favorecidos, tan aceptables para Él como María.

Es difícil pensar en algún ser humano que pueda ser tan especial y bendecido por Dios como la madre de Jesús; pero Pablo nos dice que, en Jesús, el creyente es visto de la misma manera. Esto no debería disminuir nuestra percepción de María, sino que debería de elevar nuestra percepción de quienes somos nosotros en Jesús.

El hecho de que seamos muy favorecidos nos dice algo más acerca de la actitud de Dios hacia nosotros. Prueba que Él no nos acepta de mala gana ni con vacilación; sino con entusiasmo y alegría. Todos sabemos lo que es ser aceptados a regañadientes. Si usted alguna vez fue el último en ser elegido en los juegos del patio de la escuela, conoce la sensación. Es posible que los demás lo hayan dejado jugar, pero fue dolorosamente conciente de que en realidad no lo querían en su equipo. La única razón por la que lo aceptaron fue porque sabían que todos tenían que estar en un equipo.

La elección de Dios no es así en absoluto. Su actitud no es: «Bueno, realmente no quiero aceptar a fulano de tal, pero supongo que tengo que hacerlo porque está en Jesucristo». El Padre no nos acepta con reservas o con dudas persistentes. Deberíamos disfrutar de este estado tan favorecido desde el momento en que confiamos genuinamente en Jesús para salvación y vida.

Ciertamente, María encontró este favor delante de Dios y fue bendecida con ser la que daría a luz a Jesús. Este privilegio probó que ella era verdaderamente aceptada por Dios. Él no le daría el derecho de dar a luz a su Hijo a alguien que no fuera aprobado ante sus ojos. El niño Cristo dentro de ella fue una prueba fehaciente de que Dios la aceptaba.

El creyente también es portador de Cristo, no como lo fue María; pero sí de una manera maravillosa. Pablo, en Colosenses 1:27, habló de este rico misterio: «Cristo en vosotros, la esperanza de gloria». Cristo habita en el creyente, y el creyente es, en este sentido, un portador de Cristo. Estando llenos de Cristo, también estamos llenos de gracia, como lo estuvo María. Este privilegio es evidencia de que hemos sido completamente aceptados por Dios.

¿Qué nos hace aceptos?

¿Por qué acepta Dios a aquellos que vienen a Él por fe, que confían en quién es Jesús y lo que hizo en la cruz? ¿Por qué nos ve en tales términos de favor y privilegio? Según Pablo en Efesios 1:6, solo hay una respuesta: es la obra de Dios, sobre la base de la gracia, lo que nos hace favorecidos y aceptos a sus ojos. Cuando Él nos acepta por su gracia, nos acepta sobre un principio que no tiene nada que ver con lo que merecemos. Él nos recibe por lo que Él es, no por el tipo de personas que nosotros somos.

La gracia es la única base por la cual encontramos aceptación delante de Dios. Ninguno de nosotros puede ser lo suficientemente bueno ni hacer suficientes buenas obras para persuadir a Dios de que nos acepte sobre la base de nuestras obras o méritos. Nuestros méritos no tienen poder ante Dios, pero los méritos de Cristo sí tienen poder. Jesús agradó perfectamente al Padre. Él dijo: «no me ha dejado solo el Padre, porque yo hago siempre lo que le agrada» (Juan 8:29). ¡Ninguna otra persona podría hacer tal declaración! Nadie más ha complacido perfectamente al Padre como lo hizo Jesús. Por lo tanto, se da un privilegio increíble a aquellos que no siempre han hecho las cosas que le agradan a Él: presentarse ante Dios sobre la base de los méritos de Aquel que siempre ha complacido al Padre.

Hoy día, se habla mucho de aceptar a Jesucristo, y es algo de lo que se debe hablar. Es bueno saber si otros lo han aceptado, pero una pregunta más importante es esta: ¿Lo ha aceptado Dios a usted? La única manera de encontrar este estatus de aceptación y aprobación ante Él es mirar los méritos de su Hijo y confiar en que la obra de Cristo en el Calvario fue completamente efectiva para abrir un camino hacia Dios.

También sabemos que, como cristianos, nos presentamos ante Dios en el nombre de Jesús, no en el nuestro. Por ejemplo, si fuera al Chase Manhattan Bank en Nueva York e intentara retirar $100, el cajero diría: «Lo siento, señor, no podemos darle dinero. Usted no tiene dinero depositado en este banco». Mi nombre no significaría nada para la gente del Chase Manhattan Bank.

Pero, ¿y si volviera al banco con un cheque de 1000 dólares, emitido por el mayor depositante del banco? A la cajera no le importaría si yo tuviera dinero en ese banco o en cualquier otro; ella me daría el dinero debido a la persona que firmó el cheque. Venir a Dios en el nombre de Jesús es así. No tenemos crédito en el cielo en nuestro propio nombre, pero cuando venimos en el nombre y los méritos de Jesús, encontramos al Padre siempre listo para recibirnos y darnos lo que necesitamos.

Cuando venimos al trono de Dios, debemos venir con confianza en los méritos de Jesús. Cualesquiera que sean los méritos que podamos pensar que tenemos, no serán aceptados. Pero Jesús fue completamente aceptado por el Padre, y debido a la generosa oferta de Dios, podemos compartir esa aceptación por fe. Por eso Pablo dice en Efesios 1:6 que somos «aceptos en el Amado». El Amado es Jesús, y encontramos nuestra aceptación ante Dios por lo que somos en Él. El favor de Dios se da sobre la base de la gracia, teniendo en cuenta quien usted es en Jesús en este momento; no en base a las acciones o buenas obras que podría usted realizar algún día.

Romper con la adicción a la aprobación de los demás

Una de las cosas más saludables que podemos hacer es convencernos de que Dios nos acepta plena y completamente sobre la base de lo que somos en Jesús. De hecho, Él nos ve en términos del más alto favor. Un gran beneficio que obtenemos de esta comprensión es que satisface la raíz de nuestra necesidad de aceptación. Dios nos creó con hambre de aprobación, y pretendía que fuera satisfecha de esta manera. Saber que el Dios soberano del universo nos acepta es lo suficientemente grande como para dominar nuestra conciencia, y este conocimiento debería llenar nuestras vidas con una seguridad y una paz que no pueden ser igualadas.

Cuando esta necesidad fundamental es satisfecha, somos capaces de salir de la rueda de la adicción a la aprobación de los demás. Esta adicción a la aprobación es venenosa. Nos hace esclavos de la opinión de la multitud, incluso en los pequeños detalles de la vida. Buscamos ganar la aprobación del mundo jugando según sus reglas, y terminamos frustrados y solitarios o engreídos y populares. Por supuesto, es agradable tener la aprobación de los demás, pero cuando descansamos en la gracia de Dios, podemos saber que, si los demás nos rechazan, no es porque seamos personas «inaceptables». Si Dios nos acepta, ¡somos aceptos sin importar lo que digan los demás! Debemos reconocer que los demás no siempre apreciarán la belleza que Dios ve en nosotros; pero no podemos estar de acuerdo con ellos.

En 1796, soldados hostiles al cristianismo y a la iglesia utilizaron la capilla de un convento en Milán, Italia, como almacén, como dormitorio y, más tarde, como prisión. No les dieron mucho valor a las pinturas en la pared, por lo que les arrojaron piedras y les arrancaron los ojos a algunas de las figuras pintadas. Una de las pinturas que intentaron arruinar no era una obra de arte común, era la obra maestra de Leonardo da Vinci, *La última cena*.[48]

¿Cómo puede alguien ser tan insensible ante una obra de tanta belleza, pintada por un gran maestro? A pesar de que aquellos soldados no supieron apreciar el genio de Leonardo, sabemos que él seguía siendo un maestro del arte. De la misma manera, aunque los demás no aprecien la belleza y el favor que tenemos en Jesús, no por eso dejamos de tenerlos.

¿Qué hay de aceptarnos a nosotros mismos?

Nuestra necesidad de aceptación nos lleva a buscar la aprobación no solo de los demás, sino también de nosotros mismos. A muchos de nosotros nos cuesta más encontrar la paz con nosotros mismos que lo que parece costarles a los demás aceptarnos. A menudo, las personas sienten que pueden perdonar a los demás, pero no pueden perdonarse o aceptarse a sí mismas.

La gracia nos ayuda a lidiar con nuestra necesidad de ser aceptados por los demás, y también es la forma en que Dios nos ayuda a aceptarnos a nosotros mismos. Cuando realmente creemos en los principios de la gracia de Dios, podemos superar el oscuro espectro interior que se niega a descansar en paz con lo que somos en Jesús. Al mismo tiempo, recordamos que nuestra aceptación está en el Amado. Las razones de nuestra aceptación se encuentran en Jesús.

Con frecuencia, nuestra incapacidad para aceptarnos a nosotros mismos tiene su origen en una exigencia interior de ganarnos la aceptación delante de Dios. Mientras nos sintamos obligados a dar a Dios una razón para amarnos y aceptarnos, no encontraremos ese amor y esa aceptación. Dios quiere que dejemos de intentar darle razones para que nos ame, y empecemos a ver que todas las razones están en su Hijo. Nuestra aceptación está en el Amado, no en nosotros mismos. Sabiendo esto, podemos dejar de intentar perdonarnos a nosotros mismos y llegar a descansar en la verdad del perdón y la reconciliación de Dios. La obra de Jesús en el Calvario fue completamente agradable y efectiva ante Dios. Su obra proporciona todo lo que necesitamos para nuestra reconciliación y aceptación. No hay nada que podamos añadir a su obra para hacerla más efectiva. Finalmente, podemos dejar de esperar para sentirnos perdonados y comenzar a creer en la Palabra de Dios y responder a sus promesas con fe.

Beneficios de ser muy favorecidos

Cuando descansamos en los méritos de Jesús para satisfacer nuestra necesidad de aceptación, podemos saber que somos plenamente aceptados por Dios y que no estamos a prueba ante Él. Él no está esperando más evidencia de nosotros, porque nuestra aceptación está arraigada en lo que somos en Cristo. No tenemos que vivir con el temor de que un día Dios nos descubra o cambie de opinión y nos deje fuera de su amor y favor.

«Aceptos en el Amado» significa que podemos ser libres de los engaños del diablo que nos hacen sentir culpables. Una de sus grandes estrategias es convencernos de que Dios usualmente está irritado o enojado con nosotros, o de que ya no es nuestro amigo y se ha convertido en nuestro adversario. El diablo nos dice cosas como: «Dios está enojado contigo porque no oraste hoy, y por eso te va a pasar algo horrible». Cuando ponemos nuestra fe en la verdad de Dios, sabemos que esta acusación simplemente no es cierta. Dios, ciertamente, desea obediencia y devoción de nuestra parte; pero busca estas cosas después de que se ha resuelto el asunto de la aceptación. Predicar la obediencia y la devoción en primer lugar, y la aceptación en Jesús en segundo lugar, es poner la carreta delante del caballo. El carro y el caballo van juntos (y en este caso no se pueden separar), pero primero hay que colocar lo primero.

Resolver el tema de nuestra aceptación como seres humanos trae una tremenda libertad. Significa que ser rechazado por otra persona no es el fin del mundo. Jesús nos dijo que en este mundo enfrentaremos rechazo y persecución, incluso de nuestros amigos y familiares más cercanos. Pero cuando sabemos que somos aceptos en Cristo, no vivimos con miedo al rechazo de los demás. Puede que nos duela que nos excluyan, pero es una reacción pasajera. En cambio, encontramos libertad para amar y ser quienes somos en Cristo ante el mundo, porque la cuestión de la aceptación está resuelta para siempre. Sabemos lo que Dios piensa de nosotros, y eso es suficiente.

Por último, creer que somos aceptos en el Amado nos da una visión correcta de nosotros mismos que da la gloria a Dios. No pasa por alto el hecho de que, separados de Jesús, estamos destinados al juicio de Dios. Tampoco pasa por alto el hecho de que, sin Cristo, somos rebeldes contra Dios, ni que el pecado sale de nosotros tan naturalmente como el aliento. Pero cuando confiamos nuestras vidas a Cristo y buscamos ser encontrados en Él, la historia es diferente. El Padre nos ve según lo que somos en su Hijo. No podemos atribuirnos el mérito de haber sido aceptados en el Amado, y no podemos atribuirnos la gloria de haber sido favorecidos ante su trono. Solo Dios se lleva la gloria.

¿Por qué lo hizo Dios así?

Una de las intenciones primordiales de Dios en este plan es que podamos ver y alabar la gloria de su gracia. Cuando Pablo escribió acerca de «la gloria de su gracia» en Efesios 1:6, quiso decir que la gloria de Dios y su gracia van juntas. La gloria de Dios es, efectivamente, un tema majestuoso que va más allá de la comprensión humana; sin embargo, es útil entender su gloria como su naturaleza esencial. La gloria es lo que identifica a Dios como Dios. Incluye las ideas de belleza, majestad y esplendor; así como de grandeza, poderío y eternidad.

La gracia declara la gloria de Dios a través de su redención y reconciliación con la humanidad a una posición de «muy favorecida». La redención y la reconciliación que vienen por gracia revelan la belleza del amor de Dios, la majestad de su carácter, el esplendor de su perdón, la grandeza de su sacrificio, el poder de su justicia y la eternidad de su conocimiento. En resumen, la obra de la gracia de Dios muestra su gloria.

Esta gloriosa gracia estaba destinada a producir una respuesta en nosotros. Pablo nos llama a «la alabanza de la gloria de su gracia». Es el deseo de Dios que cuando la gracia obre en nosotros, despierte la alabanza a Dios. Y bajo la gracia, Dios es alabado porque es Él quien suple la gran necesidad de aceptación del hombre. Ninguna otra persona o cosa puede satisfacer adecuadamente esta necesidad. Bajo la gracia, Dios recibe la alabanza por suplir nuestra necesidad. Sentirnos orgullosos de nuestra condición de «muy favorecidos» en Jesús es estar ciegos. Reflexionando sobre este versículo, el ministro galés D. Martyn Lloyd-Jones dijo: «¿Por qué soy lo que soy como cristiano? Solo hay una respuesta: he sido "muy favorecido" por la gracia de Dios. ¡A Él doy toda la gloria!».[49]

Aquellos que están más familiarizados con la obra de la gracia de Dios deberían ser sus adoradores más sinceros y apasionados. Ellos entienden como Dios ha demostrado su gloria a través de su gracia.

No espere para recibir

En los días en que el hemisferio occidental era realmente el Nuevo Mundo, la exploración en los grandes barcos era una faena llena de peligros. Un problema constante era cómo mantener suficiente agua dulce a bordo. Muchas tripulaciones morían de sed cuando quedaban varadas en un mar de agua salada.

Una de esas tripulaciones se encontraba frente a la costa oriental de Sudamérica y estaba a punto de morir por deshidratación. Sus súplicas de ayuda fueron atendidas por los tripulantes de otro barco que se acercaba a ellos. Cuando los sedientos marineros pidieron agua, los hombres del otro barco les dijeron que, simplemente, bajaran las cubetas donde estaban. Esto les pareció una broma cruel. Estaban muy lejos en el mar y no se veía tierra. Sabían que el agua salada era mortal y que no podía aliviar a un hombre sediento. Pero, sin que los resecos marineros lo supieran, el gran río Amazonas desembocaba en ese mar y expulsaba agua dulce potable hasta una milla más allá de la costa. Realmente podían bajar sus cubetas allí mismo y beber el agua dulce del río Amazonas. Pero en lugar de eso, casi morían de sed mientras navegaban en aguas frescas y potables.[50]

A cada uno de nosotros que estamos sedientos de suplir nuestra necesidad de aceptación, Dios nos dice: «Bajen sus cubetas donde están». No tenemos que escalar una montaña o hacer una peregrinación para encontrar la aceptación de Dios. Simplemente, podemos acercarnos a Cristo con una voluntad genuina de negarnos a nosotros mismos y confiar completamente en Él. Satisfacer nuestra necesidad de aceptación está al alcance de nuestra mano; está disponible justo donde estamos. Haga exactamente lo que Martín Lutero aconsejó a sus lectores que hicieran:

> Entrene su conciencia para creer que Dios lo aprueba. Luche contra la duda. Obtenga seguridad a través de la Palabra de Dios. Diga: «Estoy bien con Dios. Tengo el Espíritu Santo. Cristo, en quien yo creo, me hace digno. Con gusto oigo, leo, canto y escribo sobre Él. Nada me gustaría más que el evangelio de Cristo sea conocido en todo el mundo y que muchos, muchos, sean llevados a la fe en Él».[51]

Capítulo Seis

La gracia, la ley y el pecado (parte 1)

Pero la ley se introdujo para que el pecado abundase;
mas cuando el pecado abundó, sobreabundó la gracia;
para que así como el pecado reinó para muerte, así
también la gracia reine por la justicia para vida eterna
mediante Jesucristo, Señor nuestro. (Rom. 5:20-21)

El reino de Dios no es una democracia. Él no toma decisiones políticas discutiéndolas primero con un congreso de ángeles o con la compañía de los redimidos. Dios es el jefe, Él determina la política y el procedimiento, y lo hace sin disculparse. Eso, en parte, es lo que significa ser el Dios soberano. Afortunadamente, es una dictadura benévola con un Señor perfecto y amoroso que dicta las políticas.

Pero piense por un momento en un consejo imaginario en un cielo «democrático» imaginario. Pretendamos que Dios está explicando su plan para la salvación del hombre a los ángeles y que les dice que cumplirá este plan al mostrar su amor y favor a los seres humanos sobre la base de su fe en Él, no de su comportamiento. Él dice que no importa cuán pecadores sean, Él ofrecerá más gracia que los pecados que ellos puedan cometer. Y explica que no motivará a estos redimidos haciéndoles pensar que deben ganarse su aceptación. Más bien, Él los amará tan incondicionalmente que ellos le obedecerán por gratitud.

Sé que, si yo fuera uno de los ángeles que escuchara tal plan, mi mente daría vueltas e, inmediatamente, ofrecería objeciones. Pensaría que, si Dios tratara con estos humanos pecadores sobre la base de la gracia, ellos se aprovecharían de Él y de su gracia. Pecarían intencionalmente, pues sabrían que siempre podrían regresar por más de su gracia. Yo argumentaría que, si Dios quería la obediencia de los seres humanos, sería mejor que mantuviera una amenaza de castigo sobre sus cabezas. Yo pensaría que la gracia es un sistema demasiado peligroso y que Él debería ceñirse al sistema de la ley.

Todos podemos apreciar que el reino de Dios no es una democracia y que Dios no depende del consejo de los ángeles. También sabemos que Él ha elegido tratar con el hombre y ofrecerle la salvación sobre la base de la gracia, no de la ley. Sin embargo, ¿no siguen siendo válidas esas objeciones? ¿No es cierto que es peligroso decir que Dios concede su amor y su favor independientemente de nuestra actuación pasada, presente o futura? ¿No nos abrirá esto la puerta para vivir como nos plazca y despreocuparnos de las normas de Dios?

Puede que usted conozca a alguien que viva así. Sus vidas están marcadas por la desobediencia a Dios, pero creen que, dado que Dios es tan bueno, los librará de culpa. Pueden reflejar una actitud que asume: «El Dios amoroso perdonará mis pecados. ¡Ese es su trabajo!». Dan por sentados la gracia y el perdón de Dios, pero terminan deshonrando el nombre de Cristo. Su lema tácito es: «Amo pecar, y Dios ama perdonar. Es un magnífico acuerdo».

Desde un punto de vista puramente humano, la gracia es peligrosa. Es por eso que muchas personas no enseñan ni creen en la gracia, y en su lugar hacen énfasis en vivir según la ley. Ellos creen que si le dices a la gente que Dios los ama y los acepta independientemente de lo que se merecen, no tendrán ninguna motivación para obedecerle. En su opinión, la gente simplemente no puede mantenerse en el buen camino sin una amenaza sobre sus cabezas.

La gracia puede ser peligrosa para nosotros, pero en el plan de Dios, la gracia es algo seguro. Ha implementado un sistema que desactiva el peligro de manera efectiva, y es nuestro deber comprender y cooperar con ese sistema.

En Romanos, capítulos 5 y 6, el apóstol Pablo explica cuidadosamente la relación de la gracia de Dios con el pecado humano. Cuenta como Dios ha elegido responder al pecado del hombre en términos de gracia, y como ha instituido un sistema contra el abuso de la gracia por parte de quienes la reciben.

Pecado abundante, gracia superabundante

El camino del transgresor puede ser duro (Prov. 13:15); pero, ciertamente, no es solitario, ya que no hay escasez de pecados o pecadores en el mundo actual. Se cuenta la historia de cierto predicador de la radio que anunció que había 572 pecados diferentes mencionados en la Biblia. Después de su anuncio, recibió numerosas solicitudes de personas que pensaban que se le había pasado algo en la lista.

Cualquiera que mire a su alrededor puede ver que el pecado abunda en el mundo. Cualquiera que sea honesto sabe que el pecado también abunda dentro de sí mismo. Pero de lo que tal vez no nos demos cuenta, es de que el sistema de la ley hace que el pecado abunde en nosotros. Esto es contrario al pensamiento de algunas personas que tratan de resolver el problema del pecado con el sistema de la ley. Es decir, tratan de lidiar con el pecado creando una larga lista de reglas y regulaciones guiados por el pensamiento: «Haz todo esto y entonces Dios te aceptará». Pero Pablo nos dice clara y poderosamente que, en lugar de controlar y conquistar el pecado, el sistema de la ley hace que el pecado aumente.

¿Cómo es esto? Primero, la ley nos revela claramente lo que hemos hecho mal. El sistema de la ley es como un espejo. Si nuestra cara está sucia, por lo general no sabemos lo sucia que está realmente. Podemos pensar que estamos bien, pero cuando nos miramos en el espejo de la ley, vemos exactamente lo sucia que está nuestra cara. No hay escape del conocimiento de nuestra pecaminosidad bajo la ley. Esta es una forma en que la ley hace que el pecado aumente.

Otra forma en que la ley hace que el pecado abunde es que hace que el infractor no tenga ninguna excusa. Una vez que hemos visto la norma justa de la ley de Dios, no podemos alegar la excusa de la ignorancia. Aunque es cierto que la ignorancia de la ley no es una excusa, también es cierto que nuestra culpa es mucho mayor cuando pecamos a sabiendas contra la ley revelada de Dios.

Además, una vez que la ley es revelada, uno se rebela contra ella deliberadamente. Cuando sabemos cuáles son las reglas, surge en nosotros el impulso de romper esas reglas. Por ejemplo, una vez estaba almorzando en casa de un amigo. Su comida estaba en el plato y su hijo de cinco años quería un poco. Pero mi amigo le advirtió solemnemente a su hijo: «¡No toques mi comida!». Cuando mi amigo se dio la vuelta, su hijo alargó casi inmediatamente la mano para tocar la comida. Al hacerlo, miró a su padre, pero este no hizo nada. El niño pronto se dio cuenta de que su padre en realidad no quiso decir: «No toques mi comida», sino más bien: «No te comas mi comida». Cuando el niño se dio cuenta de esto, intentó rápidamente dar un mordisco, y su padre ahí sí lo detuvo bastante rápido.

Lo interesante de la historia es que no se trataba de un niño particularmente travieso o de carácter fuerte. Era un niño normal y simplemente un miembro más de la raza humana. Cada vez que se nos impone una norma, surge en nuestro interior un deseo de desafiar esa norma, un instinto que nos dice que nos rebelemos contra el mandato. Esta es una de las formas en que el sistema de ley hace que el pecado abunde. Nos incita a la rebelión en nuestro interior.

El lugar de la ley en la vida cristiana es importante. Debemos ser confrontados por la ley y por como ella causa que el pecado abunde en nosotros antes de que podamos entender y recibir la abundante gracia de Dios. Si no nos damos cuenta de que estamos completamente perdidos en el pecado sin Jesús, tendremos poca apreciación de la gran salvación que Él nos regala al otorgarnos el favor inmerecido de la gracia.

La gracia solo puede ser recibida y apreciada por aquellos que entienden que solo merecemos la ira de Dios. Mientras no estemos convencidos de nuestra necesidad de liberación del poder del pecado, nos negaremos a confiar completamente en la gracia de Dios para que nos fortalezca en la batalla. Desafortunadamente, muchas personas —incluso cristianos— no tienen mucha conciencia de pecado. Hoy día, cuando un predicador predica contra el pecado, es probable que obtenga muchos asentimientos de cabeza y vigorosos amenes. En generaciones pasadas, el mismo predicador probablemente escucharía los sollozos de personas profundamente dolidas por su propia pecaminosidad y necesidad de Cristo. En la actualidad, se piensa que el pecado es un problema de otros, porque nosotros solo cometemos errores.

Afortunadamente, usted no necesita sumergirse en una vida de pecado imprudente para darse cuenta de que el pecado abunda en su vida. Ya sea que lo sienta o no, sin Cristo Jesús, usted es lo suficientemente malo en este momento. El Espíritu Santo puede revelar efectivamente su pecado; parte de su ministerio es «convencer al mundo de pecado, de justicia y de juicio» (Juan 16:8).

Al igual que el ministerio directo del Espíritu Santo, la ley es tremendamente efectiva para mostrarnos la norma justa de Dios y cuán lejos estamos de cumplirla. La ley da las malas noticias, pero la buena noticia es que la gracia de Dios supera con creces el pecado del hombre. Donde abunda el pecado, la gracia de Dios puede abundar mucho más (Rom. 5:20). La descripción que hace Pablo de esta gracia en el griego original en Romanos 5:20 es especialmente llamativa, esencialmente dice que la gracia de Dios es «gracia superaumentada» o «supergracia».[52]

Nunca lo creeríamos si no estuviera declarado claramente en la Palabra de Dios. Cuando pecamos, la respuesta de Dios es recibirnos con gracia; es decir, con su favor inmerecido. Bajo toda lógica, el juicio o la ira de Dios debería abundar en respuesta a nuestro pecado. ¿Por qué elige Él responder a nuestro pecado con su gracia? ¿Ha decidido pasar por alto su justo juicio o mirar hacia el otro lado en lo que respecta a nuestro pecado? Para nada. Él ha respondido a nuestro pecado con juicio e ira; pero la gloriosa verdad del evangelio es que Dios ya derramó esa ira y juicio sobre Jesús en el Calvario, en lugar de sobre el que ha creído. Por lo tanto, cuando Dios responde al pecado con gracia, no está dejando de lado su justicia o rectitud. La gracia puede operar con justicia porque obra en vista del castigo que Cristo pagó en la cruz. La gracia no es que Dios sea «gentil» con nosotros, o que nos dé una salida fácil. Más bien, Jesús fue clavado en la cruz por nosotros y cargó con la ira que merecíamos. El Calvario es un testimonio permanente de que la gracia no niega la demanda de justicia de Dios.

No solo es asombroso que Dios responda a nuestro pecado con gracia, también es increíble que su gracia abunde más que nuestro pecado. Dios tiene más gracia que el pecado de usted (o el pecado de todo el mundo). No hay absolutamente ningún problema con el suministro de la gracia de Dios. Siempre está disponible para nosotros y en una medida que supera con creces nuestro pecado.

Nadie será condenado porque su pecado esté más allá de la gracia de Dios, sino solo porque rechace la oferta de salvación llena de gracia de Dios en Jesucristo. Nadie será descalificado por tener demasiado pecado, sino por no creer en el evangelio de la gracia de Dios. En última instancia, no es el pecado en sí mismo lo que nos aleja de Dios, porque la gracia de Dios responde completamente al problema del pecado del hombre. Sin embargo, el amor al pecado impide que los hombres y las mujeres crean y reciban las buenas nuevas de salvación. La gracia de Dios nunca puede agotarse, pero sí puede rechazarse.

Que Dios responda con gracia a mi problema de pecado significa que la oferta de limpieza que Él me da está disponible para mí ahora mismo. No se requiere un período de prueba, porque la gracia se recibe por fe y no por desempeño. Si vengo a Dios confiando en Jesús y su obra en la cruz, no tengo que preocuparme de que quizás no sea lo suficientemente bueno para recibir su perdón. Dios no tiene una actitud de recelo hacia mí. Debido a que estoy confiando en Cristo y Él me está tratando por gracia, el problema de mi pecado ya ha sido resuelto por la provisión de su gracia.

Debido a que Dios ha elegido responder a nuestro pecado con una gracia que supera al pecado, podemos ver que la gracia es el arma de Dios en esta batalla. Cuando Dios se dispuso a matar a la gran bestia del pecado, usó el sistema de la ley para atrapar a la bestia, pero hizo uso del sistema de la gracia para matarla. Agustín tenía razón cuando dijo: «La ley detecta; pero solo la gracia vence al pecado».[53]

Este asunto suscita controversia, pues muchos dirán que la gracia es un arma ineficaz contra el pecado. Dirán que, en lugar de vencer el pecado, la gracia en realidad fomenta el pecado, porque enseña que Dios nos acepta bajo un principio que no toma en cuenta nuestro desempeño. ¿Es esto cierto? ¿Tiene el sistema de la gracia un defecto fatal que asegura su abuso? ¿Encontraremos el pecado activo donde gobierne la gracia?

El reinado de la gracia

Pablo anticipó esta línea de cuestionamiento cuando escribió Romanos capítulo 5. Allí, enseña sobre las características de dos reinados: el reinado de la ley y el reinado de la gracia. El reinado de la ley se caracteriza por el pecado (la ley hizo que el pecado abundara) y la muerte (porque el pecado produce muerte). También entendemos que, bajo el reinado de la ley, el pecado y la muerte tienen un dominio fuerte y seguro. La certeza de la muerte se muestra dolorosamente en cada cementerio y en cada lápida. Su fuerza queda ilustrada por el continuo fracaso del sistema de la ley para frenar el pecado en la historia de Israel. Desde la idolatría con el becerro de oro en el monte Sinaí, hasta los pecados de los matrimonios mixtos en los días de Nehemías, el registro bíblico de la historia de Israel muestra que el control que tenía el pecado era poderoso bajo el sistema de la ley.

Así como el reinado de la ley tiene características distintivas, también las tiene el reinado de la gracia. Pablo nos dice claramente que la característica central del gobierno de la gracia es la justicia. La gracia reina por la justicia; dondequiera que gobierne la gracia, se respetará la norma justa de Dios. El temor del legalista es que el reinado de la gracia proporcione a los corazones malvados una licencia para pecar, pero ese temor no es compartido en las Escrituras. La gracia no da cabida el pecado; la gracia lo enfrenta directamente y pasa por encima del pecado para vencerlo. La gracia no ignora la injusticia; ella confronta el pecado con la expiación en la cruz y la victoria ganada en la tumba vacía. La gracia no es amiga del pecado; es el enemigo jurado del pecado. Thomas Brooks dijo:

> «El fuego y el agua son tan compatibles en el mismo recipiente, como la gracia y el pecado en el mismo corazón».[54]

Dietrich Bonhoeffer fue un hombre que entendió que la vida cristiana es un llamado al verdadero discipulado, no un mero sistema de creencias intelectuales. Él enseñó que la persona que verdaderamente cree en un Dios justo también debe anhelar la justicia y la santidad personal. Bonhoeffer acuñó la frase, «gracia barata»[55], que describe el tipo de vida que lleva el cristiano superficial.

Hay muchas cosas que admiro de Bonhoeffer, pero tengo una verdadera aversión por esa frase, «gracia barata». Estoy de acuerdo con su concepto y principio, pero no existe tal cosa como la «gracia barata». Usar esa frase es como decir «fuego frío» o «blanco negro». La gracia barata no existe. Cualquier gracia que no construya un deseo y un crecimiento hacia la justicia dentro del corazón del creyente no es gracia en absoluto; es una pseudogracia. Es falsa e ilusoria. Charles Spurgeon, el gran predicador inglés, lo dijo de esta manera:

> Si tienes una clase de gracia que no te mantiene casto ni hace que tu comportamiento sea decente; si tienes una clase de gracia que te permite engañar y mentir, que te permite tomar ventaja indebida en el comercio, aléjate de esa gracia; es la gracia del diablo, no la gracia de Dios, ojalá te salves de ella.[56]

En otras palabras, la gracia que no cambia mi comportamiento no cambiará mi destino. Esto no quiere decir que los creyentes que viven por gracia están libres de pecado. Aunque la justicia reina en sus vidas, todavía no es un reinado absoluto. El pecado aún debe ser combatido; pero la diferencia es que el creyente lleno de gracia está dispuesto a luchar contra el pecado y llevar esa batalla hasta su resolución final. El pecado puede dañar a aquel cuyo corazón está lleno de gracia. Los creyentes no han hecho un tratado de paz con la injusticia, pero están dispuestos a luchar hasta que Dios ponga fin a la guerra.

Así como el sistema de la ley estuvo marcado por el pecado y la muerte, el reinado de la gracia está marcado por la justicia y la vida eterna. Pablo nos dice: «así también la gracia reine por la justicia para vida eterna» (Rom. 5:21). La gracia responde al pecado de la ley con justicia, y responde trayendo vida eterna a la muerte que la ley trajo. Hemos visto que el reinado de la ley, acompañado por el pecado y la muerte, fue un reino fuerte y seguro. Pero el reinado de la gracia es más fuerte y más seguro, porque es a través de Jesucristo. Jesús mismo administra el reinado de la gracia, por lo que podemos estar completamente seguros de que sus resultados son ciertos.

Pablo nos muestra que donde el sistema de la gracia está a cargo, habrá justicia. Dios hizo seguro el sistema de la gracia; no será un sistema marcado por el pecado y el desprecio por la santa norma del Señor. ¿Pero cómo funciona esto? ¿Qué ha hecho Dios para que el sistema de la gracia sea seguro?

Pablo aborda esta cuestión en el capítulo 6 de Romanos. Pero antes de que podamos entender completamente la respuesta, debemos tener una visión precisa del problema. La gracia no tiene nada de peligrosa; es bastante segura, pero nosotros no lo somos. El problema no está en hacer que la gracia sea segura para nosotros. ¿Qué podría ser inseguro en el favor inmerecido de Dios? El problema está en hacernos a nosotros seguros para la gracia. Somos nosotros los que necesitamos cambiar, no el principio de la gracia de Dios. Entonces, ¿qué hace exactamente Dios en el creyente para hacerlo seguro para la gracia?

Hacernos seguros para la gracia

«¿Qué, pues, diremos? ¿Perseveraremos en el pecado para que la gracia abunde? En ninguna manera. Porque los que hemos muerto al pecado, ¿cómo viviremos aún en él? ¿O no sabéis que todos los que hemos sido bautizados en Cristo Jesús, hemos sido bautizados en su muerte? Porque somos sepultados juntamente con él para muerte por el bautismo, a fin de que como Cristo resucitó de los muertos por la gloria del Padre, así también nosotros andemos en vida nueva» (Rom. 6:1-4).

Pablo anticipó el argumento de que la gracia le daría a la gente permiso para pecar sin temor al castigo. Se imaginó a estas personas pensando: «Bueno, si la gracia abunda cuando abunda el pecado,

84

y si quiero conocer la gracia de Dios en su plenitud, bien puedo salir y vivir una vida de pecado para poder recibir mucha gracia». ¿Cómo respondió Pablo a este razonamiento? Básicamente les dijo: «¡Claro que no! Así no es como Dios dispuso la obra de la gracia en absoluto».

Luego explicó que lo primero que Dios hace para que el creyente sea seguro para la gracia es hacer que esa persona que cree en Jesucristo muera espiritualmente con Él y luego resucite con Él. Este punto merece nuestra cuidadosa consideración. Pablo está diciendo que Dios hace un cambio genuino en la vida del que cree en Cristo. Este cambio ocurre en el mundo espiritual, pero no es menos real que si ocurriera en el mundo material. Y así, en el mundo espiritual, cuando Jesús murió, el creyente murió con Él. Y cuando Jesús resucitó de entre los muertos, el creyente resucitó con Él.

Anteriormente en el capítulo 5, Pablo nos dijo que cuando Adán pecó, todo ser humano pecó en él (Rom. 5:19). Esto es lo que hace que cada persona sea un pecador, porque todos pecamos en Adán. Así como participamos cuando Adán pecó (y confirmamos esa participación por nuestros actos individuales de rebeldía), todos los creyentes actuaron en la muerte, sepultura y resurrección de Cristo. Si esta verdad parece vaga e irreal, observe que Dios nos da una demostración física de ella: el bautismo en agua. El bautismo ilustra la muerte, la sepultura y la resurrección, que son nuestras al identificarnos con Jesús. Así como una persona se sumerge en el agua y se levanta de ella en el bautismo, el que cree en Cristo ha sido sumergido con Él en su muerte y ha resucitado a una vida nueva en Jesús.

Esta increíble verdad tiene aplicaciones de largo alcance. La aplicación que Pablo enfatizó para mostrar como hemos sido salvados por la gracia es que, si hemos muerto al pecado con Cristo, entonces nuestra relación con el pecado está rota. Los que han muerto ya no son esclavos sujetos al pecado. Se han movido más allá, a una relación diferente con el pecado. Los muertos ya no tienen que luchar con la tentación. Es un evento importante que ha cambiado todo, incluida su relación anterior con el pecado.

¿Qué fue lo que murió al pecado cuando Jesús murió? Pablo nos dice en Romanos 6:6: «Nuestro viejo hombre fue crucificado juntamente con él, para que el cuerpo del pecado sea destruido, a fin de que no sirvamos más al pecado». El viejo hombre es el yo que sigue el modelo de Adán, esa parte de nosotros que está profundamente arraigada en el deseo de rebelarse contra Dios y su mandato. El sistema de la ley es incapaz de tratar con el viejo hombre dentro de nosotros, ya que solo puede mostrarnos la norma justa de Dios. La ley intenta reformar al viejo hombre, para hacerle empezar una nueva vida. Sin embargo, el sistema de la gracia reconoce que el viejo hombre no puede ser reformado. Debe morir, y para el creyente, el viejo hombre muere con Jesús.

Si el viejo hombre está muerto, ¿por qué siguen luchando los creyentes con el deseo de pecar y rebelarse contra Dios y sus mandamientos? ¿No murió todo eso con Jesús en la cruz? Cuando los que hemos nacido de nuevo examinamos nuestras vidas, se vuelve evidente que tenemos dos naturalezas. Todos experimentamos la sensación de que hay dos «yoes» dentro de nosotros. Esto puede ilustrarse con proverbios caseros sobre los perros blancos y los perros negros que luchan en el hombre interior; o con la imagen de un ángel en un hombro y un diablo en el otro, cada uno tratando de llevarnos a su lado. Sea como sea, esta batalla interior es conocida por todos los que intentan vivir la vida cristiana. Pero, ¿de dónde viene esta lucha entre los dos yoes?

Los dos yoes

Para entender eso, primero debemos recordar lo que sucede en el hombre interior cuando alguien nace de nuevo. Primero, sabemos que cuando nacemos de nuevo, el viejo hombre muere con Cristo. No hay duda al respecto, el viejo hombre, el yo que es heredado de Adán, la parte de nosotros que es instintivamente rebelde a Dios, muere cuando nos convertimos. Tan cierto como que Jesús estaba muerto cuando fue puesto en la tumba, así también es cierto que el viejo hombre está muerto dentro de cada uno de los que han sido convertidos por el Espíritu de Dios. A la luz de esto, podemos ver por qué la Biblia nunca enfatiza la necesidad de dar muerte al viejo hombre; en cambio, se nos dice que consideremos muerto al viejo hombre. El viejo hombre está muerto, y debemos, por fe, simplemente considerarlo así.

La gloriosa verdad de lo que ocurre en el creyente en el momento de la conversión no termina con la muerte del viejo hombre; sino que continúa con la verdad de que nace un nuevo hombre dentro de cada creyente, el cual sigue el modelo de Cristo. Pablo está tan seguro de esto como de la muerte del viejo hombre:

> Porque somos sepultados juntamente con él para muerte por el bautismo, a fin de que como Cristo resucitó de los muertos por la gloria del Padre, así también nosotros andemos en vida nueva. Porque si fuimos plantados juntamente con él en la semejanza de su muerte, así también lo seremos en la de su resurrección. (Rom. 6:4-5)

Cuando nos convertimos, se nos imparte una nueva naturaleza, una naturaleza que contrasta con el viejo hombre. El viejo hombre se rebelaba contra Dios por instinto, pero la inclinación natural del nuevo hombre es amar y obedecer a Dios. En dos de sus cartas, Pablo definió cuidadosamente el carácter del «nuevo hombre, creado según Dios en la justicia y santidad de la verdad» (Ef. 4:24), «el cual conforme a la imagen del que lo creó se va renovando hasta el conocimiento pleno» (Col. 3:10).

El nuevo hombre lleva el sello y la huella de Jesucristo, mientras que el viejo hombre (que está muerto y se ha ido) llevaba la huella del rebelde Adán. Dado que el nuevo hombre ha sido creado en nosotros a la imagen de Dios, llegamos a ser «participantes de la naturaleza divina» (2 Pedro 1:4).

Es importante recordar que morir con Jesús es solo una parte del proceso. Ciertamente, morimos con Él, pero eso es para prepararnos para la obra mayor de resucitar con Él. Como dice 2 Timoteo 2:11: «Palabra fiel es esta: Si somos muertos con él, también viviremos con él». La vida es la meta, y la muerte del viejo hombre es solo una parte del proceso. La vida cristiana implica tomar la cruz y morir con Cristo; pero esas cosas no son la meta, solo están en el camino hacia la vida de resurrección. Muchos cristianos experimentan la primera parte de la ecuación, pero se pierden la alegría de la vida con el Cristo resucitado. ¡Jesús nunca quiso esta experiencia incompleta para el creyente!

Ahora sabemos dos cosas: que el viejo hombre según el modelo de Adán está muerto, y que el nuevo hombre según el modelo de Jesucristo está dentro de nosotros. Pero también sabemos que hay una lucha dentro de nosotros entre dos seres que parecen contradecirse. Si el viejo hombre está realmente muerto y el nuevo hombre está realmente vivo, ¿por qué hay tal batalla en nuestro interior?

Esto introduce el tema de la carne, que es distinta del viejo y del nuevo hombre. La carne tiene muchos aspectos, incluyendo los deseos y hábitos corporales. Nuestra carne responde a la influencia ejercida por el hombre interior. Aunque la carne es moralmente neutral, está bajo la influencia destructiva del viejo hombre en cada uno de nosotros. El viejo hombre deja grabada su huella en nuestra carne, en nuestra personalidad y en nuestros hábitos. Esta huella influyó en nosotros durante años, antes de que realmente confiáramos en Jesús, y esos años han hecho mella en nuestras vidas. El viejo hombre entrenó rígidamente a la carne según su propia naturaleza. Aunque el viejo hombre está muerto y se ha ido de la vida del creyente, su legado vive a través de la carne, que ha sido marcada con hábitos y patrones de comportamiento que el viejo hombre encontraba cómodos.

Por eso la carne es peligrosa y lucha con el nuevo hombre por el dominio:

> Digo, pues: Andad en el Espíritu, y no satisfagáis los deseos de la carne. Porque el deseo de la carne es contra el Espíritu, y el del Espíritu es contra la carne; y estos se oponen entre sí, para que no hagáis lo que quisiereis. (Gal. 5:16-17)

La batalla entre los dos «yoes» en el creyente no es entre el viejo y el nuevo hombre; es entre el nuevo hombre y la carne, que ha sido entrenada por el viejo hombre. ¿Entonces cómo podemos encontrar la victoria en esta batalla entre el nuevo hombre y la carne? Primero, debemos tratar con la carne de la misma manera que Dios trató con el viejo hombre. Pablo dijo en Romanos 6 que el viejo hombre fue crucificado con Cristo, y también nos dice en Gálatas 5:24 que «los que son de Cristo han crucificado la carne con sus pasiones y deseos».

En el momento en que uno cree en Jesús, el viejo hombre es eliminado por la obra soberana de Dios. Pero el trabajo de lidiar con la carne es un trabajo en el que el creyente es llamado por Dios a participar a través del ejercicio de la voluntad. La clave de esta batalla es traer la carne y sus deseos bajo el poder de la cruz y en sumisión al nuevo hombre, modelado según Cristo. Cuando la carne no está bajo la autoridad del cristiano, puede influir en nosotros de la misma manera que lo hacía el viejo hombre, porque la carne lleva la huella del viejo hombre.

Hay otras dos verdades importantes que debemos tener en cuenta al considerar la lucha entre el nuevo hombre y la carne. En primer lugar, debemos recordar que el verdadero yo es el nuevo hombre. Aunque la carne puede ejercer una fuerte influencia sobre nosotros y puede hacerse pasar por el verdadero yo, podemos apoyarnos firmemente en la Palabra de Dios y decir que no lo es. El verdadero yo se deleita en la voluntad de Dios y en su amor, y nuestro llamado es a poner el resto de nuestro ser bajo la influencia del nuevo hombre. En cierto sentido, no hay dos naturalezas en el creyente, porque la naturaleza real es singular y es modelada según el patrón de Jesús. Pero en medio de la lucha entre la carne y el nuevo hombre, parece que hay dos naturalezas en nosotros y que cada una es igualmente legítima. Esa puede ser la experiencia de nuestros sentimientos, pero sabemos por fe que la única naturaleza legítima dentro de nosotros es la que fue creada conforme a Dios en justicia y verdadera santidad.

En segundo lugar, debemos recordar que la lucha entre el nuevo hombre y la carne es difícil. La carne ha sido bien entrenada por el viejo hombre, y los hábitos y los patrones de pensamiento profundamente arraigados no suelen cambiar de la noche a la mañana. Cuando nos comprometemos con la batalla de someter la carne al nuevo hombre, no debemos engañarnos pensando que será una lucha rápida y fácil. Debemos dedicarnos a la perseverancia a través de una larga lucha, y no dejar que la pérdida de una sola batalla nos convenza de que la guerra no puede ser ganada.

El resultado de esta batalla

El resultado final de esta lucha se explica en Romanos 6:14: «Porque el pecado no se enseñoreará de vosotros; pues no estáis bajo la ley, sino bajo la gracia». Pablo describe como el sistema de la ley es ineficaz para combatir el pecado y que, de hecho, hace que el pecado abunde. La ley nos mantiene bajo el dominio del pecado, pero bajo la gracia encontramos la liberación del opresivo reinado de la injusticia. Esto se debe a que, bajo la gracia, la naturaleza del pecado dentro de nosotros está muerta, y somos puestos en el camino de la nueva vida con Jesús. Entonces, ¿cómo es que hemos sido hechos seguros para la gracia? Hemos sido hechos seguros por este asombroso proceso de morir con Cristo y ser resucitados con Él. La gracia solo es segura para el que ha sido liberado del dominio del pecado, y eso es lo que sucede cuando una persona nace de nuevo del Espíritu de Dios. El que ha muerto con Cristo no vivirá bajo el dominio del pecado. A esto se refería el apóstol Juan cuando escribió:

Todo el que permanece en él no practica el pecado. Todo el que practica el pecado no lo ha visto ni lo ha conocido [...]. Ninguno que haya nacido de Dios practica el pecado, porque la semilla de Dios permanece en él; no puede practicar el pecado, porque ha nacido de Dios. (1 Juan 3:6, 3:9 NVI)

Los creyentes aún batallan con el pecado y pasan por temporadas de lucha desesperada. Recordemos que la influencia del viejo hombre permanece y se expresa a través de la carne; sin embargo, la vieja tiranía del pecado ha sido destruida para siempre.

Los que han nacido de nuevo en Cristo no pueden sentirse cómodos en ningún pecado habitual, porque se les recuerda constantemente que su «hábitat» es ahora la justicia, no el pecado. Esta es la primera y principal manera en que Jesús nos hace seguros para la gracia. Él nos cambia de tal manera, al identificarnos con su muerte y resurrección, que nuestra inclinación ya no es hacia el pecado, sino hacia la justicia.

Capítulo Siete

La gracia, la ley y el pecado (parte 2)

¿Qué, pues? ¿Pecaremos, porque no estamos bajo la ley,
sino bajo la gracia? En ninguna manera. (Rom. 6:15)

Un nuevo amo

Lo que Pablo escribió en la primera parte del capítulo 6 de Romanos puede ser una buena o una mala noticia para el cristiano. La buena noticia es que nos responde muchas preguntas teológicamente. La mala noticia es que puede plantear un problema mayor para nosotros en la vida práctica. Toda esta charla sobre Dios y el cambio que produce en nuestros deseos parece distante para el cristiano que está en una batalla intensa contra la tentación y el pecado. ¿Cómo ayuda el sistema de la gracia en esa lucha diaria contra la iniquidad?

Esta es la pregunta que Pablo abordó en la segunda parte del capítulo 6 de Romanos. Después de haber tratado adecuadamente el tema del pecado habitual (cuando nos dice que es totalmente incompatible con el que murió y resucitó con Jesús), vuelve su atención hacia el tema del pecado ocasional, o pecado cotidiano. En esencia, Pablo pregunta: «¿Pecaremos (ocasionalmente) porque no estamos bajo la ley, sino bajo la gracia?». El apóstol anticipa la conversación con alguien que piensa que bajo el sistema de la gracia no importa si pecamos un poco una que otra vez. Él nos muestra que tal pensamiento se opone a la obra de la gracia de Dios en nuestras vidas:

> ¿No sabéis que, si os sometéis a alguien como
> esclavos para obedecerle, sois esclavos de aquel
> a quien obedecéis, sea del pecado para muerte,
> o sea de la obediencia para justicia? Pero gracias

> a Dios, que, aunque erais esclavos del pecado, habéis obedecido de corazón a aquella forma de doctrina a la cual fuisteis entregados; y libertados del pecado, vinisteis a ser siervos de la justicia. (Rom. 6:16-18)

Pablo explica aquí que los creyentes han experimentado un cambio drástico en el señorío sobre sus vidas. De hecho, Dios ha cambiado a nuestro amo. Ya no somos esclavos del pecado; en cambio, ahora somos esclavos de la justicia. Una de las mejores descripciones de lo que significaba ser un esclavo en los tiempos del Nuevo Testamento fue escrita por el erudito griego Kenneth Wuest en su comentario sobre Romanos 6.

Aunque el concepto antiguo de la esclavitud está muy alejado de nuestro mundo moderno, en los días de Pablo la esclavitud era una institución común. Debido a que había varios tipos de esclavitud, la palabra que Pablo usa para describir nuestra esclavitud, tanto del pecado como de la justicia, es muy específica. Según Wuest, esta palabra griega antigua en particular indica: «alguien nacido en una condición de esclavitud; uno cuya voluntad es consumida por la voluntad de otro; uno que está atado al amo con límites que solo la muerte puede deshacer; uno que sirve a su amo sin tener en cuenta sus propios intereses».[57]

Considere esto punto por punto. Según el término que usa Pablo, estos cuatro aspectos marcan el tipo de esclavitud que describe en Romanos 6:

- uno nacido en la condición de esclavitud;
- uno cuya voluntad es consumida por la voluntad de su amo;
- uno atado a su amo con un lazo que solo la muerte puede deshacer;
- uno que sirve a su amo sin tener en cuenta sus propios intereses.

Estas cosas son ciertas de nuestra esclavitud al pecado. Nacemos en esta esclavitud (como descendientes de Adán), y nuestra voluntad es consumida por el deseo de pecar. El pecado es algo natural para nosotros. También es una práctica nuestra servir al pecado sin tener en cuenta nuestro beneficio. Nuestra esclavitud al pecado es permanente y solo puede deshacerse con la muerte (la muerte del viejo hombre).

En la película de 1960, *Espartaco*, Kirk Douglas interpretó al esclavo fugitivo llamado Espartaco, que lideró una breve, pero generalizada rebelión de esclavos en la antigua Roma. En un momento de la película, Espartaco dijo: «La muerte es la única libertad que un esclavo conoce. Por eso no le tiene miedo».[58]

De la misma manera, la única forma en que podemos ser liberados de nuestra esclavitud al pecado es mediante la muerte; no la muerte de todo nuestro ser, sino la muerte del viejo hombre, de la que se habla en el capítulo 6. Una vez muertos al pecado, podemos caminar en una vida nueva, una vida que ya no está dominada por la injusticia y su esclavitud.

Las cuatro características mencionadas anteriormente, que alguna vez marcaron la esclavitud del cristiano al pecado, ahora deberían marcar nuestra esclavitud actual a la justicia. Hemos nacido a este servicio de justicia —de eso se trata el nuevo nacimiento— y nuestra voluntad y nuestros deseos deben estar en armonía con los deseos de nuestro nuevo Amo. Serviremos a Dios para siempre, porque nuestra nueva esclavitud solo puede deshacerse con la muerte, y tenemos vida eterna en Jesús. En nuestro servicio de justicia, somos llamados a dejar de lado nuestros propios intereses y deseos. Estas cuatro cosas solían ser ciertas acerca de la forma en que servíamos al pecado; pero ahora deberían marcar la forma en que servimos a la justicia.

Hablar de un cambio de amo es una teoría impactante, pero hay formas de llevarla a la práctica. Hemos sido genuina y oficialmente liberados de la esclavitud del pecado a la que una vez estuvimos sometidos; sin embargo, hay maneras de abolir esa obra esclavizándonos nosotros mismos.

En el siglo XIV, dos hermanos lucharon por el derecho a gobernar un ducado en lo que ahora es Bélgica. El hermano mayor se llamaba Raynald; pero lo llamaban comúnmente Craso, un apodo en latín que significa «el gordo», pues era terriblemente obeso. Tras una acalorada batalla, el hermano menor de Raynald, Edward, lideró una exitosa revuelta contra él y asumió el título de duque sobre sus tierras. Pero, en lugar de matar a Raynald, Edward ideó un curioso encarcelamiento. Hizo construir una habitación en el castillo alrededor de Raynald, una habitación con una sola puerta. La puerta no estaba cerrada, las ventanas no tenían barrotes, y Eward le prometió a Raynald que podría recuperar sus tierras y su título en cualquier momento que lo deseara, lo único que tenía que hacer era salir de la habitación de su encierro.

El obstáculo a la libertad no estaba en las puertas ni en las ventanas, sino en el propio Raynald. Al tener un gran sobrepeso, no cabía por la puerta, aunque el tamaño de esta era casi normal. Lo único que Raynald tenía que hacer era ponerse a dieta para reducir su tamaño y salir como un hombre libre, con todos los beneficios que había tenido antes de su caída. Sin embargo, su hermano menor seguía enviándole un surtido de sabrosas comidas, y el deseo de Raynald de ser libre nunca le ganó a su deseo de comer. Algunos acusaron al duque Edward de ser cruel con su hermano mayor, pero este se limitó a responder: «Mi hermano no es un prisionero. Puede irse cuando quiera». Raynald permaneció en esa habitación durante diez años, hasta que el propio Edward murió en batalla.[59]

Esta historia describe de un modo dolorosamente preciso la experiencia de muchos cristianos. Jesús los ha liberado para siempre, y pueden caminar en esa libertad del pecado cuando lo deseen. Pero, como siguen cediendo sus apetitos corporales al pecado, viven una vida de derrota, desánimo y aprisionamiento.

Desafortunadamente, debido a la incredulidad, la autosuficiencia o la ignorancia, muchos cristianos nunca viven en la libertad por la que Cristo pagó en la cruz. D. L. Moody solía hablar de una anciana mujer negra en el Sur después de la Guerra Civil. Como anterior esclava, se sentía confundida sobre su estatus y preguntó:

> ¿Soy ahora libre? ¿O no lo soy? Cuando voy a mi antiguo amo me dice que no soy libre, y cuando voy a mi propia gente me dicen que lo soy, y no sé si soy libre o no. Algunas personas me dijeron que Abraham Lincoln firmó una proclamación; pero el amo dice que no, que no tenía derecho a hacerlo.[60]

Espiritualmente, ahí es donde están muchos cristianos. Son, y han sido, legalmente liberados de su esclavitud al pecado, pero no están seguros de esa verdad. Y, por supuesto, nuestro viejo amo siempre está tratando de convencernos de que no somos realmente libres de su dominio. En lugar de escuchar a nuestro viejo amo, debemos hacer todo lo posible por caminar en la libertad con la cual Cristo nos ha hecho libres (Gálatas 5:1).

¿Cómo podemos evitar esclavizarnos nosotros mismos, ahora que Jesús nos ha hecho libres? Pablo nos dice cómo en Romanos 6:19: «Así como para iniquidad presentasteis vuestros miembros para servir a la inmundicia y a la iniquidad, así ahora para santificación presentad vuestros miembros para servir a la justicia».

Cuando estábamos bajo el dominio del pecado, entregamos las partes de nuestro cuerpo al pecado. Nuestros ojos nos llevaron a la lujuria, nuestras lenguas hablaron chismes y mentiras, y nuestras manos cometieron robo y violencia. Pablo nos dice que el secreto para vivir libres es presentar nuestros cuerpos al servicio de nuestro nuevo amo.

Hay una imagen poderosa acerca de esto en el Antiguo Testamento. Cuando Aarón y sus hijos iban a ser consagrados como sacerdotes de Dios (Lev. 3), parte de la ceremonia involucró la aplicación de sangre sacrificial a sus cuerpos. La sangre de un carnero fue puesta en sus oídos derechos, porque a partir de ese momento debían usar esos oídos para escuchar a Dios. También les untaron sangre en sus manos y pies derechos, porque esas partes debían reservarse para el servicio de Dios. Así también, debemos considerar que debido a que nuestros cuerpos fueron comprados con el precio del sacrificio de Jesús, su sangre está sobre nuestros oídos, nuestras manos y nuestros pies para que puedan ser apartados para su servicio. Cuando vivamos como si nuestros cuerpos pertenecieran a Jesús, encontraremos una victoria más consistente sobre el pecado cotidiano.

Jesús nos ha liberado del pecado, pero debemos elegir continuamente servir a Dios con cada aspecto de nuestro ser. Debemos tomar la decisión diaria de considerarnos apartados para Él en cuerpo, alma y espíritu. Tomar una decisión es importante, porque cuando estamos indecisos, es más fácil volver al pecado por el poder de la costumbre.

En Romanos 6:19, Pablo nos muestra otro principio que es importante en nuestra batalla por servir a nuestro nuevo amo: la iniquidad lleva a más iniquidad, y la justicia lleva a más justicia. La batalla por rechazar el pecado y servir a la justicia se basa, en buena medida, en el principio del impulso o el efecto bola de nieve. Usted ha visto las escenas en dibujos animados donde una pequeña bola de nieve comienza a rodar colina abajo. En la medida en que desciende por la pendiente, gana tamaño y velocidad. Comienza en cierta dirección, sigue acelerando en esa dirección, y continúa con mayor fuerza y poder.

El mismo principio del impulso se traslada a la batalla contra el pecado. Los hábitos de fracaso y transigencia son difíciles de romper, porque la anarquía conduce a más anarquía. Sin embargo, cuando establecemos un patrón de victoria, el impulso obtenido puede ayudarnos a mantener la victoria, porque la justicia conduce a más justicia. En la medida en que crecemos en justicia, también existe el peligro de que nos volvamos engreídos y comencemos a jactarnos de lo bien que estamos, y ahí es cuando estamos listos para una caída. Sin embargo, es importante recordar que los hábitos y patrones de vida que establezcamos y reforcemos hoy, influirán en nuestro comportamiento futuro.

Pablo concluye el capítulo 6 de manera contundente:

> Mas ahora que habéis sido libertados del pecado y hechos siervos de Dios, tenéis por vuestro fruto la santificación, y como fin, la vida eterna. Porque la paga del pecado es muerte, mas la dádiva de Dios es vida eterna en Cristo Jesús Señor nuestro. (Rom. 6:22-23)

Esto parece demasiado bueno para ser verdad. ¡Hemos sido liberados del pecado! Pablo declara enfáticamente en tiempo pasado que hemos sido liberados de esta terrible esclavitud. ¡Esto significa que nunca más tendremos que vivir bajo la esclavitud del pecado! ¿Puede ser esto cierto? El pecado parece tan inevitable. Siento la lucha dentro de mí cada día. Conozco a otros que se han engañado a sí mismos pensando que han alcanzado algún nivel de perfección sin pecado. Pero sé que, al confiar en Dios, puedo resistir la siguiente tentación. El apóstol Juan advirtió: «Si decimos que no tenemos pecado, nos engañamos a nosotros mismos, y la verdad no está en nosotros» (1 Juan 1:8). En la práctica, es inalcanzable vivir el resto de mis días sin pecar, porque la Biblia nos dice que la auténtica perfección debe esperar hasta que la carne sea transformada completamente por la resurrección (1 Juan 3:2). Sin embargo, sé que al confiar en Jesucristo y caminar en su gracia, la siguiente tentación puede ser superada, y esa es de la que debo ocuparme.

También sé que cuando peco, no es porque Dios haya ideado un sistema en el que tengo que pecar. Más bien, es porque he fallado en confiar en Jesús y someter mis miembros a su servicio.

Finalmente, vemos que cuando el pecado es nuestro amo, la paga es la muerte. Muchos pecadores sirven al pecado diligentemente para recibir su pago. Pero cuando Dios es nuestro amo, le servimos por amor. Recuerde que todo lo que se da de gracia se da gratuitamente y nunca como un pago por lo que hacemos. Nosotros no merecemos el regalo de la vida eterna en Jesucristo, pero los que están fuera de Cristo realmente se ganan su paga, que es la muerte. El don de la vida eterna (no ganada, sino dada gratuitamente) se promete a aquellos que eligen servir a Dios en Cristo Jesús. Al cambiar de amo, también cambiamos nuestra escala de salarios. Satanás tiene muchos trabajadores contratados; Dios solo tiene siervos comprometidos y dispuestos. Ellos serán recompensados ricamente, pero según un principio diferente al que se base en méritos o logros.

¿Hay excepciones?

Pablo nos habla del cambio radical que ocurre en nuestras vidas cuando creemos en Jesús. Habla de la manera en que Dios usa ese cambio para hacernos seguros para la gracia, y luego de como cambia nuestro amo para que el camino a la libertad del servicio habitual al pecado esté disponible para nosotros.

Pero, ¿qué pasa con un cristiano que no muestra evidencia de que su vida anterior está muerta y de que su nueva vida está en Cristo? ¿O qué del creyente que no desea dejar de servir al pecado y empezar a servir a Jesús? ¿No son estas personas abusadoras del favor inmerecido de Dios, las mismas que tememos que desacrediten su sistema de gracia? Debemos considerar estas preguntas con seriedad a la luz de la evidencia bíblica y preguntar: «¿Pueden tales personas ser realmente cristianos?». Quizás, esto sea evidencia de una conversión falsa. Tales abusadores de la gracia nunca han experimentado verdaderamente la gracia de Dios para salvación. Redpath explica:

> Una vida impía es meramente la evidencia de un corazón que no ha cambiado, y un corazón que no ha cambiado es la evidencia de un alma que no ha sido salva. ¿Qué valor tiene el tipo de gracia que no nos hace diferentes de lo que éramos antes? Ninguno.[61]

No todos los que van a la iglesia o asumen el título de «cristianos» han experimentado genuinamente la gracia transformadora de Dios. Jesús nos dijo que, incluso la comunidad del reino, desde afuera, se compone de trigo y cizaña (Mt. 13:24-30, 13:36-43). Dijo que la red del reino capturaría tanto peces buenos como malos (Mt. 13:47-50). Ambas parábolas ilustran que no todos los que dicen pertenecer a la comunidad de la gracia han recibido verdaderamente esa gracia. Es el trabajo de Dios separar el trigo de la cizaña, separar los peces buenos de los malos. Sin embargo, no debería sorprendernos que surjan algunos que afirmen haber recibido la gracia de Dios y vivan una vida vacía de la gracia y su obra.

Siempre es peligroso juzgar el estado eterno de otra persona desde nuestro punto de vista terrenal. Aun así, debemos decir que aquellos que han recibido la gracia de Dios mostrarán cambios debido a esa gracia. Los cambios pueden no ser especialmente dramáticos, y pueden no ser instantáneos; sin embargo, serán reales. Quizás, el mayor peligro radica en la tendencia a asegurarles a las personas una salvación que no han experimentado genuinamente.

La evidencia de la gracia recibida es un corazón cambiado, y ese corazón cambiado nos hace seguros para la gracia de Dios. El proceso de conversión transforma el hábitat de nuestro corazón del pecado a la justicia, y cambia nuestro amo para proporcionar un camino para la victoria, incluso, sobre el pecado ocasional. Los cristianos a través de los siglos han reconocido este aspecto esencial de la doctrina. En los 42 artículos originales de la Iglesia de Inglaterra, el artículo 10 establece esta verdad con una belleza que solo el inglés del siglo XVI puede expresar:

> «La gracia de Cristo o el Espíritu Santo dado por él, quita el corazón de piedra y da el corazón de carne».[62]

El que recibe la gracia no puede permanecer inmutable. Si un «corazón de piedra» ama el pecado y no muestra evidencia de una nueva vida presente, entonces todavía se necesita una conversión genuina en ese individuo. Como Charles Spurgeon predicó una vez:

> Dondequiera que llega el perdón de pecado, viene con él un alejamiento del pecado, un abandono del pecado, una visión nueva del pecado, una valoración diferente de él; y el corazón, que una vez había buscado su propio placer, ahora busca el placer de Dios [...]. El cambio de corazón acompaña al perdón de los pecados; y dondequiera que se dé ese cambio de corazón, brota en el alma renovada un profundo sentimiento de gratitud a Dios.[63]

Nunca debemos olvidar que la gracia hace más que iniciar la vida cristiana, también nos guía hacia la madurez y la obediencia. La gracia nos salva, pero también nos enseña a vivir. Pablo le escribió a Tito:

> Porque la gracia de Dios se ha manifestado para salvación a todos los hombres, enseñándonos que, renunciando a la impiedad y a los deseos mundanos, vivamos en este siglo sobria, justa y piadosamente, aguardando la esperanza

> bienaventurada y la manifestación gloriosa de nuestro gran Dios y Salvador Jesucristo. (Tito 2:11-13)

El que recibe la salvación que trae la gracia también estará dispuesto a recibir la instrucción que trae la gracia. Las lecciones que enseña la gracia sobre una vida justa duran toda la vida, y la marca distintiva del creyente es una disposición vibrante para aprender esas lecciones. Si alguien se niega a recibir esta instrucción, ¿puede esa persona pertenecer verdaderamente a Jesús? ¿Ha recibido tal individuo verdaderamente la salvación que trae la gracia? No es posible.

La gracia reina

Pablo hace muchas declaraciones sorprendentes en los capítulos 5 y 6 de Romanos. Hemos visto que no podemos superar en pecado a la gracia de Dios. Hemos aprendido que el reinado de la gracia está marcado por la justicia y que no es una licencia para pecar. Hemos llegado al entendimiento de que Dios cambia a los creyentes de dos maneras para hacerlos seguros para la gracia. Primero, Él hace que los que creen en Cristo mueran espiritualmente con Él y sean resucitados a una nueva vida con Él. Segundo, Él nos saca de nuestra esclavitud al pecado y nos lleva a convertirnos en esclavos de la justicia.

En el clásico de John Bunyan, *El progreso del peregrino*, mi personaje favorito es el señor Honesto, un viajero en el camino que vio a muchos otros peregrinos. Algunos de ellos partieron con audacia y fuerza, pero finalmente se dieron la vuelta. Otros, tropezaron al principio, pero luego terminaron bien. Algunos comenzaron llenos de fe, pero terminaron dudando. Otros, llegaron a una mayor seguridad mientras bregaban por el camino del peregrino. El señor Honesto sabía mucho sobre esta peregrinación que llamamos cristianismo, y resumió todo su conocimiento en sus últimas palabras:

> El señor Honesto llamó a sus amigos y les dijo: «Estoy muriendo, pero no haré testamento. En cuanto a mi honestidad, se irá conmigo» [...].

Cuando llegó el día de su partida, se preparó para cruzar el río. Ahora bien, el río en ese momento se desbordaba por las orillas en algunos lugares; pero el señor Honesto durante su vida había hablado con un [hombre llamado] Buena-Conciencia para encontrarse con él allí, lo cual también hizo, y este le tendió su mano y así lo ayudó a pasar. Las últimas palabras del señor Honesto fueron: «¡La gracia reina!». Así dejó el mundo.[64]

¡La gracia reina! ¿Resumen esas palabras su vida cristiana? O reina la gracia en nosotros o reina el pecado. ¿Cuál será la que reine? La gracia hace el trabajo que el sistema de la ley nunca podría hacer. Ahora podemos entender que la gracia es el medio de Dios tanto para limpiar nuestro pecado como para guiarnos por el camino de la justicia. En lugar de proporcionar una licencia para pecar, la gracia proporciona una forma de victoria sobre el pecado habitual y sobre el ocasional. En la cuarta estrofa de su famoso himno, *Jesús amante de mi alma*, Charles Wesley escribió:

Abundante gracia en ti se encuentra,
gracia para cubrir todo mi pecado;
que las corrientes de sanidad abunden,
hazme y mantenme puro por dentro.

Capítulo Ocho

Gracia suficiente

Y para que la grandeza de las revelaciones no me exaltase
desmedidamente, me fue dado un aguijón en mi carne,
un mensajero de Satanás que me abofetee, para que no
me enaltezca sobremanera; respecto a lo cual tres veces
he rogado al Señor, que lo quite de mí. Y me ha dicho:
Bástate mi gracia; porque mi poder se perfecciona en
la debilidad. Por tanto, de buena gana me gloriaré
más bien en mis debilidades, para que repose sobre mí
el poder de Cristo. Por lo cual, por amor a Cristo me
gozo en las debilidades, en afrentas, en necesidades, en
persecuciones, en angustias; porque cuando soy débil,
entonces soy fuerte. (2 Co. 12:7-10)

La mayoría de las personas se muestran escépticas cuando alguien habla sobre sus conversaciones personales con Dios. Si usted alguna vez quiere llamar la atención en una reunión social, simplemente diga: «Dios me dijo...». Muchas veces este escepticismo está justificado, porque lo que las personas cuentan que Dios les dijo, a menudo, suena sospechoso a la luz de la revelación más certera de Dios. Por ejemplo, ¿por qué parece que cuando personas en ministerios prominentes declaran que Dios les ha hablado, muchas veces esto tiene que ver con el último programa de recaudación de fondos?

Hace varios años, un destacado evangelista informó que había tenido una conversación de siete horas con Dios, gran parte de dicha conversación había sido sobre el tema de recaudar fondos para su ministerio. Curiosamente, Dios estaba muy al tanto de las últimas técnicas de mercadeo y recaudación de fondos, y el evangelista les escribió cartas a sus simpatizantes describiendo la conversación que había tenido con Dios para hacerles saber que esta petición de dinero en particular había sido ordenada especialmente por el Señor mismo. Debido a historias como estas, no es de extrañar que muchas personas adopten una actitud de reserva y cautela cuando alguien comienza a relatar sus conversaciones especiales con Dios.

En todas las cartas del Nuevo Testamento, solo hay un caso en el que se dice: «Dios me dijo esto», y es en 2 Corintios 12:9. Por lo tanto, Pablo nos dice que esto merece nuestra especial atención como una declaración única en el Nuevo Testamento. Este pasaje, ciertamente, no es más inspirado que el resto de nuestra Biblia, pero como es diferente, merece un análisis minucioso.

Quizás, el mejor lugar para comenzar es con una comprensión del contexto de los escritos de Pablo. Pablo sufría de lo que él llamó una «enfermedad» o un «aguijón en la carne». Le causaba una gran molestia, porque la palabra traducida como *aguijón* en realidad describía algo así como «una estaca de tienda de campaña». Su aguijón se parecía mucho más a un clavo ferroviario que a una tachuela. No sabemos exactamente qué le causaba tanto dolor e incomodidad a Pablo, y si consultáramos a diez comentaristas diferentes, probablemente obtendríamos diez opiniones diferentes sobre lo que le molestaba. Algunos dicen que eran sus ojos; otros, que era una lesión o enfermedad fatigosa; y, otros, que era una persona que constantemente le hacía la vida miserable. Exactamente quién o qué era no es realmente importante; lo importante es que Dios lo dejó permanecer en esa condición y que tenía una razón para dejarlo permanecer así. En lugar de centrarnos en lo que era, debemos preguntarnos: «¿Por qué Dios permitió que este molesto aguijón permaneciera en la vida de Pablo?».

La respuesta es simple, pero tiene aplicaciones importantes y de gran alcance para nuestras vidas. Dios permitió que este doloroso problema permaneciera en la vida de Pablo para enseñarle acerca de la gracia y la suficiencia. Podemos resumir lo que le enseñó a Pablo a través del siguiente principio: la gracia de Dios es suficiente, y nosotros, sin esa gracia, nada somos.

Nuestra insuficiencia

La cultura estadounidense tiene muchas características peculiares, y una de las más destacadas es nuestro arraigado culto a la autosuficiencia. En general, a los estadounidenses se les enseña a adoptar una independencia feroz, que requiere que rara vez admitamos alguna necesidad o carencia que no podamos satisfacer por nosotros mismos. Hemos elevado al hombre más allá de la posición de héroe cultural hasta la posición de dios nacional. Nuestro lema es que podemos lograrlo todo y tenemos lo necesario para hacerlo.

Este tipo de autosuficiencia crea un gran obstáculo para llevar al hombre o la mujer modernos a Jesús. Desde la perspectiva del mundo, el cristianismo es solo una muleta para las personas que no pueden salir adelante por sí mismas. Claro, está bien para los flojos, los borrachos, los débiles y los bichos raros de este mundo, pero la gente normal no necesita esas cosas religiosas. Nuestra aceptación cultural del hombre hecho a su propia imagen contradice la verdad de nuestra insuficiencia. La verdad de Dios es clara y habla del hecho de que, si el hombre quiere ser aprobado ante Dios, no puede hacerlo con los recursos que solo encuentre en sí mismo.

Se nos dice de mil maneras diferentes que podemos salir adelante solos y que deberíamos tener una perspectiva confiada y optimista debido a nuestro gran potencial. Lamentablemente, gran parte de esa confianza y este optimismo se basan en pruebas endebles y en un autoengaño voluntario.

Cuando María Antonieta —la última reina de Francia antes de la Revolución francesa— llegó a París como novia, no se permitió que ni una sola persona harapienta o hambrienta mostrara su rostro en las calles por las que pasó su procesión. En aquella época, Francia estaba llena de descontento debido a la pobreza extrema, un descontento que más tarde se convertiría en la llama de la revolución. Pero María Antonieta no debía saber nada de eso, así que los pobres y hambrientos de la ciudad fueron arrastrados a las calles laterales donde ella no podría verlos. Los mantuvieron allí para que ella pensara que todos eran felices y prósperos en la ciudad de París. No fue hasta la sangrienta y violenta revolución cuando se enteró de lo mal que estaban las cosas. Para entonces, ya era demasiado tarde.[65]

Del mismo modo, podemos sentirnos optimistas y confiados mientras nos negamos deliberadamente a afrontar los hechos. Esto puede ser un peligroso autoengaño, un lamentable juego de simulación que acogemos con los brazos abiertos. A menudo, queremos ser engañados sobre nuestra verdadera condición, porque conocer la verdad podría empañar nuestra hermosa mentira. Cuando queremos negar nuestra necesidad de Dios, siempre hay un engañador satánico cerca para decirnos suavemente lo que anhelamos oír. En lugar de conocer la verdad, muchos se conforman con una fachada de felicidad y respuestas superficiales a sus profundas necesidades espirituales. Ignorar nuestras debilidades e insuficiencias inherentes es un aspecto superficial y trágico de nuestro carácter, que podría llevarnos a negar confiadamente nuestra necesidad de un Salvador.

Jesús describió este estado mental en Marcos 2:17: «Los sanos no tienen necesidad de médico, sino los enfermos. No he venido a llamar a justos, sino a pecadores». Mientras pensemos que estamos bien y que solo los perdedores necesitan a Cristo, entonces el llamado de Jesús carecerá de significado para nosotros. Solo cuando nos convenzamos de nuestra insuficiencia, recibiremos la gracia de Dios, la cual puede, verdaderamente, ser nuestra suficiencia.

También es importante reconocer que solo el Espíritu Santo nos puede convencer de nuestra insuficiencia. No podemos convencer a nadie de que comprenda su necesidad espiritual sin el Espíritu Santo obrando en ellos. La obra de convencer y demostrarles a las personas su necesidad de Cristo es del espíritu santo. Dios puede usar a otros en esta obra, pero el testimonio interno persuasivo se puede lograr solo por su Espíritu. Una de las razones por las que muchas personas tienen un compromiso poco sincero es porque vienen a Jesús sin que el Espíritu Santo les convenza de su gran necesidad de Él. Si Jesús es visto como algo bueno que simplemente se agrega a nuestras vidas, entonces nunca tendremos la relación que Él quiere tener con nosotros.

La respuesta de Dios a nuestra necesidad

Una vez que hayamos analizado honestamente nuestra insuficiencia, podremos pensar en la forma en que Dios quiere satisfacer esa necesidad. Él ha ordenado que su gracia sea completamente suficiente. Cuando nos damos cuenta de nuestra necesidad espiritual, entonces Dios nos llama a depender de su gracia.

Considere lo que un consejero sin perspectiva bíblica le habría dicho a Pablo. Imagínese a Pablo contándole al consejero sobre su gran enfermedad, su molesto aguijón en la carne y lo débil e impotente que se sentía para seguir adelante. Podríamos imaginar al consejero decirle: «Bueno, Pablo, lo que necesitas es una perspectiva mental positiva para enfrentar este problema. Pablo, el poder está dentro de ti para vencer esta enfermedad, debes buscar en lo más profundo de tu hombre interior para encontrar los recursos para el éxito». Tal vez, el consejero luego le diría: «Lo que realmente necesitas es un grupo de apoyo de personas solidarias». El consejero podría, incluso, desafiar a Pablo: «Si realmente tuvieras fe, te librarías de este aguijón en la carne». Algunos de estos consejos podrían ser útiles en otras circunstancias. Sin embargo, Dios tuvo un consejo especial para Pablo en esta situación, un consejo diferente a la mayoría de las respuestas humanas que podría haber recibido.

¿Cómo respondió Dios a Pablo? «Bástate mi gracia [favor inmerecido]» (2 Cor.12:9). En otras palabras: «Mi gracia es suficiente para suplir tu necesidad. ¡Pon tu mirada en mí!». El plan de Dios no era que Pablo encontrara la respuesta en sí mismo, ni siquiera en otras personas (aunque otros pudieron haberlo ayudado mucho). El plan de Dios era que la necesidad de Pablo fuera satisfecha con un toque de su gracia.

¿Cómo puede la gracia de Dios ser suficiente para satisfacer nuestras necesidades? La gracia puede satisfacer nuestras necesidades, porque cuando la recibimos, disfrutamos de nuestro estatus de favor y aprobación a los ojos de Dios. La gracia significa que Dios se agrada de nosotros, que tiene una disposición favorable hacia nosotros, que tenemos su aprobación y la promesa de su cuidado. Todos sabemos que tener buenas relaciones con una persona influyente puede llevarnos muy lejos. Realmente es cierto que lo que sabes no es tan importante como a quién conoces. Así, estar en la gracia de Dios significa que lo conoces y que Él te conoce y se preocupa por ti.

La gracia de Dios puede satisfacer nuestras necesidades porque está disponible en todo momento. Cuando pecamos o fallamos, no estamos fuera del alcance de su gracia. Dado que la gracia nos es dada gratuitamente en Cristo, no puede ser retirada más adelante si tropezamos o caemos. Cuando venimos a Dios por fe a través de la sangre de Jesús, su gracia está siempre lista para ministrarnos en nuestras insuficiencias.

Finalmente, su gracia puede suplir nuestras necesidades porque Dios le dijo a Pablo que su gracia era su fortaleza (2 Timoteo 2:1). Gran parte del poder de este mundo se expresa en cosas que traen daño y destrucción, pero a Dios le encanta mostrar su poder a través de su bondad y su gracia. A veces asociamos una bondad tan pura con la cobardía o la timidez. Pero adoptar tal punto de vista es estar de acuerdo con la perspectiva de poder y fuerza que el mundo tiene, y negar la verdad de Dios sobre la fuerza de la gracia y el amor. La gracia no es débil ni cobarde; es el poder mismo de Dios para suplir lo que nos falta.

Vemos entonces que cuando somos concientes de nuestra insuficiencia, la intención de Dios es suplir esa necesidad mediante la obra de su favor y aprobación inmerecidos en nuestras vidas. Él quiere que lo miremos a Él en esos momentos de debilidad, no a nosotros mismos, ni a lo que el hombre pueda proveer.

Por supuesto, esto no significa que no debamos recurrir a los demás cuando lo necesitemos. Si ese fuera el caso, los muchos estímulos en la Biblia para cuidarse unos a otros y llevar las cargas de los demás no tendrían sentido. Jesús quiere ministrarnos tanto directamente como a través de otros. Nunca debemos dejar de esperar en Dios en nuestros momentos de necesidad, para que podamos recibir directamente de Él la gracia para suplirla. Sin embargo, también buscamos que la gracia de Dios nos encuentre a través de otros. A Jesús le encanta satisfacer las necesidades a través de su cuerpo corporativo.

En lugar de buscar respuestas en nosotros mismos, descansamos y nos regocijamos en la seguridad de su favor y aprobación. Esperamos la obra de la mano de gracia de Jesús para fortalecernos; ya sea, directamente, o a través de otros que Él use para ayudarnos.

Una experiencia para toda la vida

Segunda de Corintios 12:7-10 también nos muestra que experimentaremos debilidad y que debemos confiar en la gracia de Dios a lo largo de nuestra vida cristiana. Nuestro progreso nunca nos hará crecer hasta un punto en que no tengamos la necesidad de depender de su gracia. Nunca llegaremos a una posición en la que no experimentemos que somos totalmente insuficientes separados de la obra de la gracia. Somos llamados a confiar constantemente en la gracia durante toda nuestra experiencia cristiana.

La propia vida de Pablo muestra un vívido ejemplo de este principio. Vemos que Dios le trajo debilidad para que pudiera aprender a confiar en la fuerza de Dios. Piénselo, Pablo, el gran misionero y apóstol, tal vez el cristiano más famoso de toda la historia, fue deliberadamente mantenido por Dios en cierta forma de debilidad para que nunca perdiera de vista su necesidad de confiar en Él. Dios sabía que Pablo necesitaba experimentar la debilidad, así que creó una ocasión para que experimentara esa debilidad a través de su enfermedad o aguijón en la carne.

Como creyentes, la experiencia de la debilidad es, por lo tanto, algo bueno, que nos hace buscar más allá de nosotros mismos los recursos para recorrer el camino cristiano. Todos necesitamos experimentar este tipo de debilidad para buscar constantemente nuestra fuerza en Dios. Sin embargo, admito que, en este momento de mi vida cristiana, Dios no tiene que hacer nada especial para que me dé cuenta de mis insuficiencias.

La razón de Dios para someter a Pablo a esta debilidad no era castigarlo o mantenerlo a raya. Dios no se complace en tales cosas. Más bien, sabía que Pablo solo continuaría experimentando la fuerza de Dios si seguía experimentando también la debilidad del hombre. Dios no trató de derrotar a Pablo; sino, más bien, hizo que el camino de la victoria a través de la gracia estuviera más disponible para él al revelarle la debilidad que tenía en sí mismo.

Por eso Pablo podía jactarse de sus debilidades y complacerse en sus dificultades. No era una persona enferma que disfrutaba cuando la vida se derrumbaba a su alrededor. Solo se jactaba de sus debilidades porque eran la forma en que podía conocer la fuerza y la victoria de la gracia de Dios. Eran la fuerza y la victoria lo que Pablo apreciaba, y Pablo se jactaba de todo lo que Dios usaba para lograr esa victoria.

Es útil considerar qué tipo de hombre era Pablo. ¿Era un hombre débil? ¿O era un hombre fuerte? Este que viajó por el mundo antiguo difundiendo el evangelio de Jesús a pesar de las más feroces persecuciones, que soportó naufragios y encarcelamientos, que predicó a reyes y esclavos, y que estableció iglesias fuertes y formó a sus líderes, no era un hombre débil. A la luz de su vida y sus logros, diríamos que Pablo era un hombre muy fuerte, pero solo lo era porque conocía sus debilidades y buscaba fuera de sí mismo la fuerza de la gracia de Dios. De la misma manera, si vamos a vivir vidas de tal fortaleza, también necesitamos admitir nuestras debilidades y buscar solo en Dios el favor, la aprobación, y la obra de la gracia que nos fortalecerá para cualquier tarea. Fue el Pablo lleno de gracia quien pudo decir: «Todo lo puedo en Cristo que me fortalece» (Fil. 4:13).

Aplicaciones prácticas

Primero, estas verdades cambiarán la forma en que oramos por aquellos que no han recibido el regalo de la gracia de Dios para salvación. En 2 Corintios 4:4, Pablo dice que el entendimiento de los que se pierden ha sido cegado por el dios de este siglo, y no creen, para que no les resplandezca la luz del evangelio de la gloria de Cristo, el cual es la imagen de Dios. Esta obra cegadora de Satanás tiene muchos aspectos diferentes; pero, seguramente, uno de los más grandes es persuadir a hombres y mujeres de que no necesitan a Jesús. Debemos luchar contra esta obra de engaño con oración ferviente por los perdidos, para que ellos puedan percibir sus debilidades, sus insuficiencias y su gran necesidad del Salvador.

Ahora entendemos que una de las mejores oraciones que podemos ofrecer por los que no conocen a Jesús es esta: «Dios, hazles saber su necesidad de ti y su total debilidad lejos de ti». Puede que usted piense que es algo cruel orar para que otra persona llegue a comprender su debilidad, pero ella nunca confiará en la fuerte salvación de Jesús mientras no lo haga. Cuando entendamos que a menudo es una actitud de autosuficiencia lo que aleja a las personas de Cristo, esto afectará la forma en que oramos por ellos.

En segundo lugar, estas verdades cambian la forma en que vemos el éxito y el crecimiento en el caminar cristiano: no en términos de independencia, sino en una mayor dependencia. Hay un anhelo dentro de la mayoría de nosotros por un día en que la vida cristiana se vuelva fácil. Esperamos que llegue un momento en que nuestras principales luchas con el pecado hayan quedado atrás y podamos avanzar hacia cosas más grandes y mejores sin mucha lucha. Ese día es una ilusión. Si el mismo apóstol Pablo constantemente experimentó debilidad, ¿quiénes somos nosotros para pensar que lo superaremos? De hecho, esta sección de las Escrituras nos muestra que, si es necesario, Dios traerá algo específico a nuestra vida para recordarnos nuestra debilidad y nuestra gran dependencia de Él.

Finalmente, estas verdades nos advierten del peligro del orgullo, pues es el gran enemigo de la gracia, ya que nos hace reacios a ver nuestra debilidad. Negar con orgullo nuestra debilidad y absoluta necesidad de depender de Jesús es una verdadera ceguera y la máxima arrogancia. Es como si le estuviéramos diciendo a Dios: «La mayoría de las personas pueden no tener lo que necesitan, pero yo sí. No necesito tu oferta de gracia para obtener fuerza y victoria». Los que albergan tal actitud (aunque nunca lo expresen) se autocondenan, porque rechazan abiertamente la provisión de Dios para su necesidad.

Pablo no podría haberlo dicho más claramente: la gracia de Dios es suficiente para satisfacer las necesidades de la humanidad, y nosotros no somos suficientes para satisfacer esas necesidades por nosotros mismos.

Capítulo Nueve

Trabajar con la gracia

Porque yo soy el más pequeño de los apóstoles, que no soy digno de ser llamado apóstol, porque perseguí a la iglesia de Dios. Pero por la gracia de Dios soy lo que soy; y su gracia no ha sido en vano para conmigo, antes he trabajado más que todos ellos; pero no yo, sino la gracia de Dios conmigo. (1 Co.15:9-10)

Algunas de las declaraciones más profundas del apóstol Pablo se hicieron como comentarios secundarios mientras abordaba otro tema. Este pasaje de 1 Corintios 15 es un ejemplo perfecto. El enfoque principal de Pablo en este capítulo no era enseñar acerca de la gracia, sino defender la doctrina cristiana esencial de la resurrección de los muertos.

Él hizo esto al señalar la verdad obvia de que la resurrección de Jesús prueba que los muertos son resucitados. Sin embargo, alguien podría objetar y preguntar: «¿Cómo sabemos que Jesús resucitó de entre los muertos?». Pablo tenía una respuesta preparada. En primer lugar, sabemos que Jesús resucitó de entre los muertos porque tenemos el testimonio ocular fiable de los apóstoles sobre este hecho. Pedro, Santiago, Juan y todos los demás apóstoles, vieron a Jesús resucitado, y arriesgaron la vida por este testimonio.

Junto con los apóstoles, Pablo añadió su propio testimonio de la verdad de la resurrección de Jesús y también afirmó ser apóstol y testigo del Cristo resucitado. Pero, ¿quién era él para afirmar tener una posición tan alta? Él no fue un seguidor como los demás en los años del ministerio terrenal de Jesús. Jesús no llamó a Pablo en las orillas del mar de Galilea diciéndole: «Sígueme». Pablo no fue uno de los 70 discípulos comisionados para predicar el evangelio en las ciudades de Galilea. No escuchó el Sermón de la Montaña ni el Discurso del Aposento Alto de Jesús con sus propios oídos. ¿Por qué pensaba Pablo que podía asumir el privilegiado título de apóstol?

Pablo dice que una de las razones por las que podía reclamar este estatus era porque también vio a Jesús resucitado. El capítulo 9 de Hechos describe el encuentro personal de Pablo con Cristo, pero este evento ocurrió mucho después de que los demás apóstoles hubieran visto a su Señor resucitado. Por eso Pablo dice que fue como «un abortivo» (1 Co. 15:8). Sin embargo, el simple hecho de ver a Jesús resucitado no era suficiente para convertir a alguien en apóstol. Si lo fuera, entonces hubiera habido más de 500 apóstoles en la época de Pablo, porque se nos dice en 1 Corintios 15:6 que hubo más de 500 hermanos que vieron al Señor resucitado. ¿Qué otra cosa podría decir Pablo para justificar su afirmación de ser un apóstol? ¿Qué derecho tenía a reclamar una posición tan importante? Pablo nos dice que su transformación de perseguidor terrible a apóstol honrado se debía solo a una cosa: la gracia de Dios.

Cambiado por la gracia

En esta simple declaración en 1 Corintios 15:9-10, Pablo nos da una idea de uno de los aspectos más notables sobre el impacto de la gracia de Dios en la vida humana: la gracia cambia a las personas, y lo hace de forma inesperada y conmovedora.

Cuando creemos genuinamente en Jesús y somos convertidos por el Espíritu Santo, siempre habrá un cambio de vida. Nunca puede haber ninguna duda de que «si alguno está en Cristo, nueva criatura es; las cosas viejas pasaron; he aquí todas son hechas nuevas» (2 Co. 5:17). Los cambios pueden diferir de persona a persona, pero son certeros y esperados. Algo anda mal cuando una persona dice que ha nacido de nuevo, pero no hay evidencia de cambio en sus creencias fundamentales, ni en su perspectiva de vida o en su actitud hacia Dios y el pecado. La gracia no puede ser dada a alguien y que no haya un cambio evidente. Dios y su gracia no son simplemente añadidos a las vidas de los que creen; más bien, Él se convierte en su enfoque y propósito. En todos los que creen genuinamente, comienza una obra individual de transformación que toca cada uno de los aspectos de la vida.

Sin embargo, el poder de la gracia no solo es dado para que obre un cambio inicial en la vida del creyente; es dado para que obre continuamente. Dios quiere que el poder transformador de su gracia esté siempre actuando en la vida del cristiano. Pablo se dio cuenta de que Dios no había terminado de cambiarlo y estuvo dispuesto a admitir: «No que lo haya alcanzado ya, ni que ya sea perfecto; sino que prosigo, por ver si logro asir aquello para lo cual fui también asido por Cristo Jesús» (Fil. 3:12).

Deberíamos detenernos por un momento a considerar quién escribió esta carta y cuán notablemente el poder de la gracia había cambiado su vida. Antes de ser confrontado por Dios en el camino de Damasco, Pablo era religiosamente engreído; pero también odiaba a Dios y a su iglesia. Sentía que cumplía con los requisitos de Dios, pero según sus normas. Él no era un hombre justo. En su confianza farisaica, arremetió contra el primer grupo de cristianos, persiguiéndolos con más entusiasmo que cualquiera de sus asociados. Pablo estaba seguro de que Dios estaba de su lado y de que bendecía su intento de acabar con estos seguidores de Jesús.

Sin embargo, Pablo estaba muy engañado, porque al perseguir a la iglesia de Dios en realidad estaba persiguiendo al mismo Jesús. Recuerde las palabras de Jesús en el camino de Damasco: «Saulo, Saulo, ¿por qué me persigues?» (Hech. 9:4). Al odiar a la iglesia, Pablo mostraba su odio a Jesús, y su odio a Jesús mostraba que Pablo en realidad odiaba al Dios de Israel. Esto es porque Jesús es la representación exacta de Dios el Padre, el Dios al que Pablo supuestamente servía atacando a la iglesia. Pablo estaba tan engañado que se veía a sí mismo como muy agradable a Dios cuando, en realidad, su vida mostraba un intenso odio al Padre, al Hijo y al Espíritu Santo, así como a la iglesia.

Cuando consideramos la vida de Pablo antes de su encuentro con Jesús en el camino de Damasco, nos asombra ver el cambio en él después de esta experiencia. Los ojos de Pablo fueron abiertos, tanto figurativa como literalmente, porque la visión resplandeciente de Cristo en el camino de Damasco lo dejó ciego hasta que un creyente llamado Ananías oró para que fuera sanado. Una vez ciego, Pablo llegó a ver que había estado engañado, y se dio cuenta de que su vida anterior no había agradado a Dios en absoluto. En lugar de perseguir a la iglesia, Pablo se unió humildemente a otros cristianos, y en lugar de odiar el evangelio de Cristo, lo predicó con valentía. Una transformación tan notable solo fue posible por obra de la gracia de Dios. Ningún fenómeno psicológico o biológico podría explicar tal cambio. Toda la gloria y el crédito deben ser dados a Jesús y su gracia solamente. Pablo aprendió lo que significa ser una nueva creación y conoció por experiencia propia el cambio drástico que se produce cuando alguien deja de luchar contra Dios y pone su confianza en Jesús.

Todos tenemos la tendencia a pensar que este tipo de cambio real y contundente está confinado a las polvorientas páginas de los libros antiguos, pero eso no es cierto. El poder de la gracia de Dios para cambiar vidas es para hoy e, incluso, funciona con personas que se encuentran en rebelión contra Él. Un ejemplo de conversión del tipo «Saulo a Pablo» se encuentra en la vida de un hombre llamado Sergei Kourdakov, quien escribió sobre su notable transformación en un libro titulado, simplemente, *Sergei*.

De joven, Sergei dirigió más de 150 ataques pandilleros contra los cristianos en la Unión Soviética. Como un moderno Saulo de Tarso perseguidor, trató de intimidar a los creyentes de Rusia atacándolos sin piedad, a veces con tanta severidad que sus desafortunadas víctimas morían. En una ocasión, apareció en la televisión soviética envuelto en su bandera nacional y fue descrito como el ejemplo perfecto de la juventud soviética. Le habían lavado completamente el cerebro con la filosofía atea y lo habían engañado por completo sobre la verdad de Dios y del cristianismo.

Un día, Dios se abrió paso hasta Sergei y le demostró que era real. Esto sucedió cuando Sergei fue testigo del carácter de los creyentes soviéticos, especialmente de la forma en que oraban por quienes los perseguían. Más tarde se enlistó en la marina soviética y, finalmente, en un esfuerzo desesperado por escapar a un lugar donde pudiera aprender la verdad sobre Dios, saltó de un barco en el helado océano Ártico, cerca de Canadá, y nadó durante más de ocho horas hasta la orilla. Tras ponerse a salvo, comenzó inmediatamente a aprender sobre el Dios que antes odiaba. Sergei ayunó durante dos días y pasó todo ese tiempo arrodillado ante el altar de una iglesia, orando a un Dios que no conocía, hasta que un pastor le dijo que en Jesucristo encontraría lo que estaba buscando. Sergei Kourdakov predicó entonces el evangelio que alguna vez trató de destruir, y amó y sirvió al Salvador que antes odiaba amargamente.[66]

Sergei Kourdakov es otro sorprendente testimonio de que la gracia sigue cambiando vidas. Dios no detuvo esta obra en los días de la Biblia, sino que la continúa hasta el día de hoy en cualquiera que abandone todo para seguirlo. ¿Y usted? ¿Ha sido cambiado por el poder de la gracia de Dios?

Trabajar con la gracia

Cuando consideramos la asombrosa transformación en la vida de alguien como Pablo o Sergei Kourdakov, podemos pensar que lo único que hicieron fue sentarse y dejar que el poder de la gracia los sobrepasara, pero eso no es cierto. Sabemos que esta obra de cambio requiere la participación activa y el esfuerzo del que está siendo cambiado.

Pablo nos dice que la gracia de Dios no le fue extendida «en vano» (1 Co. 15:10). Pablo también trabajó duro en conjunto con la gracia de Dios. La gracia no lo desanimó; por el contrario, lo animó y lo fortaleció a trabajar. La gracia de Dios produjo mucho fruto en Pablo, en parte porque actuó de acuerdo con su deseo de trabajar junto a la gracia de Dios.

Sin embargo, al decir que «su gracia no ha sido en vano para conmigo», Pablo plantea una interesante cuestión sobre la gracia de Dios: ¿Puede ser dada en vano? ¿Puede la gracia de Dios ser dada y recibida, pero no tener ningún efecto en la vida del que la recibe?

Para responder a esta pregunta, debemos recordar que no se requieren obras para recibir la gracia; solo se necesita fe. Romanos 5:1-2 dice: «tenemos paz para con Dios por medio de nuestro Señor Jesucristo; por quien también tenemos entrada por la fe a esta gracia en la cual estamos». Nuestro acceso a la gracia es por fe.

115

Dios da este poder de favor y aceptación al que llamamos gracia, sin requerir primero valor o mérito. No se da con un prerrequisito de desempeño; ni pasado, ni presente ni futuro importan. Sin embargo, Dios no nos concede esta gracia que cambia vidas para que nos relajemos y nos neguemos a unir nuestros esfuerzos con el poder de su gracia. Dios espera que hagamos muchas cosas específicas con su gracia, y varias de ellas están claramente señaladas en las Escrituras.

Gracia para obediencia

Por ejemplo, en Romanos 1:5 leemos: «[...] recibimos la gracia y el apostolado, para la obediencia a la fe». Esto nos dice claramente que parte del propósito de Dios al darnos su gracia es para que le obedezcamos, y Dios espera que los que reciben la gracia se interesen por la obediencia. ¿Qué pasa con los que dicen que han recibido la gracia de Dios para salvación, pero no muestran ningún interés por la obediencia? Judas, en su breve carta, describió a estos como «hombres impíos, que convierten en libertinaje la gracia de nuestro Dios, y niegan a Dios el único soberano, y a nuestro Señor Jesucristo» (Judas 1:4). Dios dice que tales personas «desde antes habían sido destinados para esta condenación» (Judas 1:4) y están bajo su juicio venidero. Tales personas demuestran que nunca han recibido realmente la gracia de Dios. La gracia es dada para que obedezcamos. La desobediencia crónica y el abuso de la gracia es evidencia de alguien que nunca la ha recibido verdaderamente.

Gracia para buenas obras

En su segunda carta a la iglesia de Corinto, Pablo enumera una razón adicional por la que Dios nos da su favor inmerecido. Pablo escribió en 2 Corintios 9:8: «Y poderoso es Dios para hacer que abunde en vosotros toda gracia, a fin de que, teniendo siempre en todas las cosas todo lo suficiente, abundéis para toda buena obra». Dios quiere que tengamos todos los recursos necesarios para hacer las buenas obras para las que nos creó. Para hacer buenas obras podemos necesitar audacia, un corazón dispuesto, finanzas, sabiduría espiritual u otros recursos. La gracia de Dios obra en nosotros para suplir estas necesidades y que podamos hacer buenas

116

obras. Debemos hacer las cosas que su gracia nos capacita para hacer. La gracia es dada para que podamos hacer buenas obras.

Gracia para servir a Dios

Otra cosa que Dios espera que hagamos con la gracia que recibimos es servirle. En Hebreos 12:28, el escritor dice: «tengamos gratitud [gracia], y mediante ella sirvamos a Dios agradándole con temor y reverencia». La gracia nos ayuda a servir a Dios de muchas maneras diferentes. Nos da la capacidad moral para servir de una manera que es agradable a Él, porque bajo el sistema de la gracia se ha lidiado adecuadamente con el problema del pecado del hombre. Antes de haber sido limpiados por medio de la cruz, cualquier servicio que pudiéramos ofrecer a Dios era realizado con manos manchadas por el pecado. Dios busca siervos que sean lavados antes de servirle, así como los sacerdotes del Antiguo Testamento tenían que ser lavados ceremonialmente antes de realizar sus funciones. El plan de la gracia de Dios proporciona la manera en que podemos ofrecer un servicio sin mancha a Dios.

Además, la gracia nos ayuda a servir a Dios con la motivación correcta. Si no tenemos conciencia de la gracia, a menudo serviremos a Dios para sentirnos aceptados por Él. A través de nuestras obras, intentamos darle una razón para que nos ame. La gracia nos asegura que todas esas razones están en Dios y no en nosotros, y que somos aceptos en Jesús. Entonces nuestro servicio es correctamente motivado por amor, aprecio y gratitud. Queremos la recompensa de complacer a Dios, como un niño ama complacer a su padre, no para ganar su aprobación.

Ser concientes de la gracia de Dios también nos ayuda a servir bien a Dios en una de las formas más importantes posibles: la adoración. Cuando la cuestión de nuestra aceptación ante Dios está resuelta por su inmerecido favor y hay un verdadero descanso en el corazón, entonces la adoración adquiere una nueva y emocionante dimensión, marcada por una intensa acción de gracias y adoración por lo que Dios ha hecho en nuestras vidas. A la luz de la gracia, adoramos a Dios por gratitud, no por tratar de ganar su aprobación o calmar su ira. No nos preocupa que Dios nos rechace si no lo complacemos, porque por la gracia, la cuestión de la aceptación está para siempre resuelta por la obra de Cristo. Una vez que se ha eliminado el miedo al rechazo, podemos servir a Dios en adoración por una apreciación gozosa de todo lo que Él ha hecho por nosotros. La gracia es dada para que podamos servir a Dios.

Gracia para servir a otros

Se puede ver un cuarto propósito por el que Dios da su gracia en Efesios 3:7, donde Pablo nos dice: «fui hecho ministro por el don de la gracia de Dios». La gracia fue la base del ministerio de Pablo, y él sabía que Dios le había dado esta gracia para que sirviera al cuerpo de Cristo. Por lo tanto, no solo servimos a Dios con los recursos de la gracia, sino que también somos capaces de servir a la iglesia con los mismos recursos que la gracia proporciona. De la misma manera, la gracia influye en la forma en que servimos al cuerpo de Cristo. Nuestro servicio proviene de la gratitud y el amor, no de la culpa o el miedo al castigo inminente si fallamos en nuestro servicio. Dios nos da la gracia para que podamos ministrar a su iglesia.

Vemos claramente que recibimos la gracia para obedecer a Dios, para hacer buenas obras y para servirle a Él y a su iglesia. Sin embargo, debemos tener conciencia de que Dios no nos da la gracia porque hagamos estas cosas, sino solo para que tengamos el deseo, la capacidad y los recursos para hacerlas. La gracia nunca es una recompensa por las buenas obras hechas o prometidas; nos es dada para que podamos hacer las cosas que le agradan a Dios.

En sociedad con Dios

Pablo entendía que Dios nos da su gracia y luego somos equipados para trabajar en abundancia. El resultado es que la obra de Dios es llevada a cabo. Los resultados vienen cuando tomamos conciencia de que estamos en una sociedad con Dios. Es difícil entender por qué el Creador soberano del universo quiere asociarse con nosotros; pero así lo quiere, y en muchas dimensiones diferentes.

Una forma de ilustrar esto es imaginar a un agricultor cultivando maíz. El agricultor hace todo lo posible para que las condiciones sean ideales para que crezca el maíz. Él fertiliza la tierra, la prepara para la siembra, siembra la semilla, riega la tierra, arranca las malas hierbas y, en el momento adecuado, recoge la cosecha. El agricultor hace su trabajo, pero no hace crecer el maíz. Ese es un milagro que Dios mismo ha hecho dentro de cada semilla individual. Lo único que el agricultor puede hacer es asociarse con Dios creando las mejores condiciones posibles para que ocurra el milagro del crecimiento. Dios hace su parte y cuando el hombre hace la suya, se logran resultados óptimos.

El principio de la asociación con Dios es solo un principio general en su trato con el hombre. Él no tiene la obligación de trabajar con el hombre de esta manera, y su propósito final no se verá frustrado por ninguna falla del hombre en este trabajo conjunto. Es el derecho de Dios actuar de una manera completamente soberana, sin ninguna cooperación con los esfuerzos del hombre, y Él obra de esta manera más a menudo de lo que suponemos. Sin embargo, como principio general, se puede decir que Dios obra en sociedad con el hombre.

Pablo entendió bien este principio. Les dijo a los corintios: «Somos colaboradores de Dios» (1 Co. 3:9). Este principio de asociación nos ayuda a comprender lo que él quiso decir cuando escribió sobre la posibilidad de que la gracia de Dios se dé en vano. Si descuidamos nuestra parte, entonces su gracia no cumple lo que se ha propuesto, y se podría decir que fue dada en vano. Pero Pablo decidió que no permitiría que esto sucediera. Decidió que «trabajaría más que todos ellos» (1 Co.15:10) en cooperación con la gracia de Dios para que se produjera el mejor resultado.

Muchas cosas nos impiden trabajar duro como Pablo y ver los resultados de trabajar con Dios. Un obstáculo es la incredulidad. Podemos elegir no apropiarnos nunca de la gracia de Dios para vivir diariamente por fe y negarnos a vivir en la libertad y la victoria que dicha gracia trae. Podemos flaquear en nuestro trabajo arduo porque estamos preocupados por nuestras metas y proyectos, y mostrar poco interés por la agenda de Dios. Debemos creer realmente que promover el Reino de Dios es más importante que nuestra comodidad y progreso si queremos trabajar con la gracia de Dios. La pereza también puede alejarnos del trabajo arduo que asegura que la gracia de Dios no sea dada en vano. Tal pereza no puede ser tratada con gentileza. El llamado de Dios al cristiano perezoso es que se despierte y se ponga a trabajar en colaboración con Él (Ef. 5:14).

La preocupación por los sentimientos heridos o la incapacidad de perdonar verdaderamente a los demás también pueden impedir que los cristianos trabajen con Dios. Cuando heridas del pasado o pecados contra nosotros influyen en nuestro pensamiento y personalidad, pueden quitarnos el deseo de mirar más allá de nuestros problemas y trabajar en sociedad con Dios para lograr lo que es importante para su reino. El deseo de Dios es que dejemos todo daño, dolor y amargura hacia los demás en la cruz y tratemos estos asuntos de una manera bíblica. Él quiere que «olvidemos ciertamente lo que queda atrás, y nos extendamos a lo que está delante» (Fil. 3:13). Con la ayuda de la gracia de Dios, estas cosas no pueden obstaculizar o impedir que trabajemos en abundancia.

Todo es por la gracia

Los que son propensos al pecado del orgullo conocen el gran peligro de trabajar en sociedad con Dios. Es fácil hacer énfasis en lo que creemos que hemos hecho o tomar todo el crédito por las cosas gloriosas que Dios hace cuando los creyentes trabajan junto con Él. Podemos ser como una pulga que cabalga sobre el lomo de un león y se enorgullece de que todos estén asustados. Pero Pablo evita este peligro al comprender un principio importante acerca de nuestra asociación con Dios. Él está conciente de que, incluso el esfuerzo que hace para crecer en justicia, es el resultado de la gracia de Dios. Su trabajo arduo no es producto de sus propios esfuerzos, sino el resultado de la gracia de Dios que produce fruto en él. Pablo escribe: «he trabajado más que todos ellos; pero no yo, sino la gracia de Dios conmigo» (1 Co. 15:10). Pablo no se jacta de su trabajo, ni se atribuye el mérito de lo que ha hecho en sociedad con Dios, pues se da cuenta de que es solo por la obra de la gracia que estuvo dispuesto y fue capaz de hacer el trabajo.

Nosotros tampoco podemos jactarnos de lo que hacemos en sociedad con Dios, porque Él proporciona la gracia que nos permite cumplir con nuestra sociedad. Para todo lo que Él espera de nosotros en la vida cristiana nos proporciona las herramientas. ¿Y qué espera Dios de nosotros si estamos de la gracia? Una cosa: ¡Fracaso total! Dios nunca tuvo la intención de que fuéramos capaces de obedecerle, hacer buenas obras y servirle a Él o a su iglesia sin el poder transformador de la gracia. Él no espera ningún desempeño del hombre hasta que crea en Él y reciba la gracia que hace posible una vida piadosa.

Ahora podemos ver que cualquier fracaso en el cumplimiento de nuestros deberes cuando trabajamos en sociedad con Dios es esencialmente fracaso en recibir y apropiarnos de la gracia de Dios. La gracia nos da el deseo, la capacidad y los recursos para trabajar duro, y cuando fallamos en hacerlo es porque no nos hemos apropiado de la gracia de Dios por fe para ese propósito específico. Nuestro crecimiento, buenas obras y servicio en la vida cristiana, son solo obras de la gracia, de principio a fin, y trabajar junto con la gracia es vital para una vida fructífera.

La súplica de Pablo

En este breve pasaje de 1 de Corintios, Pablo ilumina la comprensión y la experiencia de la gracia por parte del cristiano. Primero, es importante ver que, si la gente va a cambiar, solo puede ser a través del poder de la gracia. La ley nos dice claramente lo que debemos ser, pero la ley es insuficiente para ayudarnos a cambiar. El verdadero cambio solo se produce a través de la gracia. En segundo lugar, entendemos que la gracia es un don gratuito, pero puede recibirse en vano. Si la recepción de la gracia no produce un espíritu de obediencia, buenas obras y un deseo de servir a Dios y al hombre, entonces la gracia se ha recibido en vano. Para asegurarse de que la gracia no se reciba en vano, Dios desea que trabajemos en abundancia en colaboración con Él para realizar su obra en nuestras vidas y en el mundo. Finalmente, Pablo bloquea nuestro orgullo señalando que, incluso nuestra colaboración con Dios, es un resultado de su gracia.

El gran deseo de Pablo para los corintios era que no fueran de los que recibían la gracia de Dios en vano. El Espíritu Santo no solo habló a los corintios a través de Pablo, sino que también nos habla a nosotros. Tenemos que entender y actuar según la exhortación de Pablo a cada cristiano: «Así, pues, nosotros, como colaboradores suyos, os exhortamos también a que no recibáis en vano la gracia de Dios» (2 Co. 6:1).

Capítulo Diez

Caer de la gracia

De Cristo os desligasteis, los que por la ley os justificáis;
de la gracia habéis caído. (Ga. 5:4)

Las antiguas leyendas sobre los dioses y diosas de la antigua Roma y Grecia no muestran que fueran particularmente morales o justos. Zeus, Apolo, Poseidón y otros, fueron frecuentemente conocidos por sus mentiras, engaños, inmoralidad sexual y crueldad. Por lo tanto, uno podía ser religioso en la antigua Roma y aun así ser bastante inmoral, simplemente siguiendo el patrón de sus dioses.

Esto nos recuerda que las personas religiosas no necesariamente tienen o practican un alto estándar moral. Vemos un nivel de conducta mucho más elevado en el Antiguo Testamento, pero incluso las vidas de los grandes patriarcas estuvieron llenas de pecado y fracaso moral. Abraham mintió abiertamente, Isaac engañó, Moisés cometió asesinato y David cometió adulterio y asesinato. Nos asombra lo que Dios hizo con tales hombres y como los usó como una influencia para la piedad. Pero también vemos que, aunque estos hombres tuvieron un alto estándar moral, también les costó mucho mantener ese estándar.

Cuando se compara con las religiones antiguas, el cristianismo ofrece un fuerte contraste. Los dioses del Olimpo eran ciertamente inmorales, y los héroes del judaísmo no pudieron estar a la altura de lo que sabían que era correcto. En contraste, la figura esencial del cristianismo es un hombre completamente sin pecado. Jesucristo fue absolutamente puro y completamente perfecto de acuerdo con los estándares morales más rigurosos jamás establecidos: los de Dios. Jesús nunca pecó en palabra, acción o pensamiento.

Solo Él pudo decir: «Yo hago siempre lo que le agrada [a Dios el Padre]» (Juan 8:29). Nadie más que Jesús pudo enfrentarse a sus acérrimos enemigos y preguntar: «¿Quién de vosotros me redarguye de pecado?» (Juan 8:46). El hecho de que Jesucristo, nuestro gran ejemplo y modelo, estuviera completamente libre de toda imperfección moral o espiritual, presenta un gran desafío para quienes estamos llamados a ser conformados a su imagen.

También es importante señalar que la perfección de Jesús puede ser una piedra de tropiezo para nosotros, no porque no podamos ver su naturaleza sin pecado, sino porque su vida perfecta lleva a algunos a pensar que la meta del cristianismo es el desempeño moral. Podemos pensar que hacer lo que Jesús hizo es más importante que dejar que Él viva su vida en nosotros. Sabemos que las normas morales son importantes para el cristianismo; pero deberíamos hacernos las siguientes preguntas: ¿Son lo más importante en nuestra fe? ¿Qué relación tiene la moralidad con la salvación?

Moralidad y salvación

En un momento u otro, la mayoría de los cristianos meditan sobre la relación entre la moral y la salvación. Usualmente pensamos en esta relación en términos de decidir qué comportamientos son apropiados para aquellos que afirman ser seguidores de Jesús. Podemos observar a aquellos que dicen ser cristianos y que, sin embargo, hacen cosas que otros creyentes consideran incorrectas e inmorales. Algunos fuman, beben o bailan; otros, blasfeman o son sexualmente inmorales. Los pecados internos son aún más peligrosos, como la codicia, la lujuria y la envidia. Cuando vemos cristianos profesantes que transigen moralmente, surge la pregunta: ¿Puede un fracaso en la moralidad hacer que los creyentes pierdan su salvación?

Imagine a alguien que dice ser cristiano, pero está profundamente sumido en el pecado. Elija el fracaso particular y el grado de desobediencia para formar el ejemplo hipotético en su mente; no importa realmente cuál sea el tipo o el grado de fracaso moral. La pregunta más importante es esta: ¿Puede el fracaso moral hacer que esta persona pierda su condición de cristiano?

Lo que pensaban algunos de los primeros cristianos

Esta pregunta que enfrenta la comunidad cristiana no es nueva. Desde sus primeros días, la iglesia se ha enfrentado a la cuestión de cómo tratar con los cristianos que flaquean moralmente.

Los que conocen la tradición de la iglesia se sienten orgullosos de sus mártires. Recordamos con admiración a aquellos valientes creyentes que sufrieron e, incluso, murieron por su fe. Sin embargo, debemos admitir que ha habido muchos cristianos a lo largo de los siglos que no se mantuvieron firmes ante la persecución. La iglesia ha tenido sus mártires y sus confesores; pero, también, ha tenido sus cobardes.

Sabemos qué hacer con nuestros mártires: los admiramos y honramos la memoria de su valentía. Pero, ¿qué pasa con los cobardes de la iglesia? ¿Qué hacemos con esos hermanos alejados que tomaron el camino fácil?

Si esto no le parece un problema importante, probablemente, se deba a que nunca ha vivido una época de persecución severa. Pero en otros tiempos, esta fue una pregunta muy importante para la iglesia.

A mediados del siglo III, los cristianos sufrieron una severa persecución bajo el emperador romano Decio. A muchos les resultó fácil transigir para salvar sus vidas. Pero cuando la temporada de persecución terminó, quisieron volver a la comunión de la iglesia, igual que antes.

Algunos grupos les dijeron a estos creyentes alejados: «Regresen libremente. Solo pidan perdón y todo será restaurado». Estas iglesias se hicieron notorias entre los cristianos por tener una visión ligera del pecado debido al camino fácil e indoloro de restauración que ofrecían.

Otros cristianos se opusieron a esta visión ligera del pecado. Se fueron al extremo opuesto y dijeron que no había manera de que un cristiano que hubiera desertado pudiera ser readmitido en la iglesia y obtener salvación.

Estos cristianos creían fervientemente que solo se permitía un arrepentimiento que fuera válido después del bautismo. En otras palabras, un cristiano recién bautizado podía pecar solo una vez de manera significativa y ser perdonado. Esta creencia era particularmente aceptada con respecto a los siete pecados mortales: idolatría, blasfemia, asesinato, adulterio, fornicación, falso testimonio y fraude. Si los cristianos eran culpables de cualquiera de estas cosas dos veces después del bautismo, ya no tenían esperanza de ser salvos. Esta, ciertamente, no era la opinión universal de la iglesia en ese tiempo; sin embargo, era la firme creencia de algunos.

Algunos de estos grupos creyeron esto tan firmemente que se separaron de la iglesia establecida (en parte o en su totalidad) para protestar por su supuesta suavidad en el trato con los creyentes pecadores. Grupos como los montanistas, los novacianos y los donatistas, pensaron que la mayoría de los demás cristianos eran demasiado indulgentes al recibir a los creyentes que habían pecado, y se desvincularon porque creían en un estándar más alto.[67]

En la actualidad, la mayoría de nosotros reconocemos que los grupos que se separaron estaban equivocados. Entendemos que la sangre de Jesucristo es capaz de lavar la mancha de cualquier pecado si el pecador lo confiesa genuinamente y se arrepiente. La mayoría estaría de acuerdo con el camino intermedio de la disciplina, la cual fue usada por muchos de los cristianos para tratar con tales hermanos perdidos. Se les permitía la restauración, pero requerían algún tipo de confesión pública y arrepentimiento que fuera claramente demostrado. No obstante, al mismo tiempo, nos sentimos justificadamente ofendidos por cualquiera que tome el título de «cristiano» a la ligera, sin darse cuenta de que el estándar moral al que Dios nos llama es elevado, puro y santo. Entonces, ¿cómo podemos caminar de forma equilibrada entre ambos extremos? ¿Cómo podemos entender la forma correcta de tratar con el fracaso moral en la iglesia?

Un ejemplo bíblico

La mejor manera es ver como los apóstoles trataron el pecado en la iglesia de su tiempo. Uno de los ejemplos más directos está en 1 Corintios 5:1-5:

De cierto se oye que hay entre vosotros fornicación,
y tal fornicación cual ni aun se nombra entre
los gentiles; tanto que alguno tiene la mujer de
su padre. Y vosotros estáis envanecidos. ¿No
debierais más bien haberos lamentado, para
que fuese quitado de en medio de vosotros el
que cometió tal acción? Ciertamente yo, como
ausente en cuerpo, pero presente en espíritu,
ya como presente he juzgado al que tal cosa ha
hecho. En el nombre de nuestro Señor Jesucristo,
reunidos vosotros y mi espíritu, con el poder de
nuestro Señor Jesucristo, el tal sea entregado a
Satanás para destrucción de la carne, a fin de que
el espíritu sea salvo en el día del Señor Jesús.

Este es un claro ejemplo del grave fracaso moral de la iglesia
primitiva. Aquí tenemos un caso de incesto en la asamblea de
Corinto, un miembro de la iglesia que tenía relaciones sexuales
con su madrastra. Pablo sabía, al igual que cualquier otra persona
con una pizca de discernimiento, que tal conducta era inaceptable
en el comportamiento que Dios espera de los cristianos. Por lo
tanto, Pablo exigió una excomunión disciplinaria del hombre
que estaba en pecado. Pablo esperaba que los corintios ya no se
enorgullecieran de su supuesta paciencia y tolerancia con este
hombre, sino que tomaran inmediatamente medidas para separarlo
de la congregación.

Una vez que el ofensor quedara fuera de la protección espiritual
de la comunidad del pueblo de Dios, estaría por su cuenta en el
mundo, el cual se consideraba como el reino de Satanás. De esta
manera, es que sería entregado a Satanás. Pero fíjese en la razón por
la que Pablo dijo que esto debía hacerse. En su pensamiento, esto
no debía hacerse con la idea de traer condenación sobre el hombre;
más bien, era para que esto obrara hacia su salvación final.

Las palabras de Pablo a los tesalonicenses nos ayudan a entender
más acerca de esta estrategia al tratar con aquellos en la iglesia que
están atrapados en el pecado:

Si alguno no obedece a lo que decimos por medio
de esta carta, a ese señaladlo, y no os juntéis con

> él, para que se avergüence. Mas no lo tengáis por
> enemigo, sino amonestadle como a hermano. (2
> Ts. 3:14-15)

Vemos que, en ambos casos, Pablo se tomó en serio el trato con el pecado de estas personas en la iglesia. Al mismo tiempo, esta severa disciplina debía ser practicada a la luz del hecho de que los que infractores seguían siendo considerados como familia de Dios («amonestadle como a hermano») y elegibles para la vida eterna («a fin de que el espíritu sea salvo en el día del Señor Jesús»). El punto es este: Pablo pensaba que, en estos casos específicos, la parte culpable debía ser tratada de acuerdo con el estricto estándar moral de la fe cristiana; pero no pensaba que su fracaso moral significaba una pérdida inmediata de la salvación.

Pablo da otro ejemplo de pecado grave en la iglesia apostólica:

> De manera que cualquiera que comiere este pan
> o bebiere esta copa del Señor indignamente, será
> culpado del cuerpo y de la sangre del Señor. Por
> tanto, pruébese cada uno a sí mismo, y coma así
> del pan, y beba de la copa. Porque el que come
> y bebe indignamente, sin discernir el cuerpo del
> Señor, juicio come y bebe para sí. Por lo cual hay
> muchos enfermos y debilitados entre vosotros, y
> muchos duermen. Si, pues, nos examinásemos
> a nosotros mismos, no seríamos juzgados; mas
> siendo juzgados, somos castigados por el Señor,
> para que no seamos condenados con el mundo.
> (1 Co. 11:27-32)

En este pasaje, Pablo aborda un problema serio en la iglesia de Corinto. Parece que cuando se reunían para tomar la Cena del Señor y recordar su sacrificio, lo deshonraban con su mala conducta. Celebraban la Cena del Señor durante una fiesta de amor de toda la iglesia, donde todos compartían una comida común y luego tomaban la comunión juntos. Pero no había una actitud adecuada de amor y de compañerismo entre los creyentes en estas cenas, pues algunos comían hasta hartarse mientras que otros se iban a casa con hambre. Pablo dijo que este tipo de egoísmo deshonraba el espíritu de la Cena del Señor. Era tan grave que, en el proceso de corregir el problema, Dios se llevó a algunos de ellos al cielo. Es decir, algunos de los corintios se enfermaron y otros, incluso, murieron («y muchos duermen»), porque Dios determinó que esos creyentes habían terminado su propósito en la tierra. Esta era una seria ruptura de las normas morales de Dios.

Sin embargo, observe nuevamente que, aun en el caso de los que murieron físicamente a causa de su pecado, Dios no lo hizo para condenar a los culpables, sino para salvarlos. El propósito de su juicio severo fue asegurar que los que estaban en un error grave no fueran condenados con el mundo. Así que vemos que, incluso en este caso de fracaso moral en la iglesia, Pablo no asumió que el culpable había perdido su salvación. Por el contrario, reconoció que la mano de Dios obró para ayudar a garantizarla.

Recibir la gracia

Nadie puede leer el Nuevo Testamento sin quedar impresionado con las normas morales del cristianismo. Sin embargo, la esencia del cristianismo no es la búsqueda o el logro de una norma moral. Como dijo Pablo: «Porque el reino de Dios no es comida ni bebida, sino justicia, paz y gozo en el Espíritu Santo» (Rom. 14:17). La esencia del cristianismo es una relación viva con Dios a través de Jesucristo sobre el principio de la gracia.

Ver esto nos ayuda a comprender lo que significa perseverar hasta el fin en la vida cristiana. Tanto los calvinistas como los arminianos están de acuerdo en que la verdadera conversión se prueba con la perseverancia. Recordemos la parábola de Jesús del sembrador (Mt. 13:1-9, 18-23), donde las semillas verdaderamente fructíferas fueron las que perduraron. Algunas crecieron rápidamente, pero luego se marchitaron o fueron ahogadas por la cizaña. En esta parábola, Jesús ilustró que el verdadero cristianismo se demuestra con la perseverancia.

Sin embargo, a menudo malinterpretamos el tema central de la perseverancia: perseverar en la gracia. Podemos caer fácilmente en el error de considerar la perseverancia solo en términos de constancia en cuanto a las buenas obras y a un comportamiento moral adecuado. Eso es importante, pero primero debemos cuidar nuestra perseverancia en la gracia.

El Nuevo Testamento habla fuertemente sobre este asunto de continuar en la gracia. Recuerde que, de parte de Dios, la gracia nunca puede fallar. Él nunca revoca su gracia ni pone una condición previa de valor o mérito a los que la reciben por fe. Sin embargo, el Nuevo Testamento indica que un fracaso en la recepción de la gracia puede ocurrir por parte del hombre. Como escribió Pablo en Gálatas 1:6-7:

> Estoy maravillado de que tan pronto os hayáis alejado del que os llamó por la gracia de Cristo, para seguir un evangelio diferente. No que haya otro, sino que hay algunos que os perturban y quieren pervertir el evangelio de Cristo.

Pablo tiene en mente el peligro real de apartarse del evangelio de la gracia que trae salvación. Más tarde escribió a los gálatas:

> Estad, pues, firmes en la libertad con que Cristo nos hizo libres, y no estéis otra vez sujetos al yugo de esclavitud […]. De Cristo os desligasteis, los que por la ley os justificáis; de la gracia habéis caído. (Gal. 5:1, 4)

Pablo estaba bastante preocupado de que algunos en la iglesia de Galacia estuvieran en ese peligro de caer de la gracia. Pero, ¿qué significa caer de la gracia?

Considerando lo que dice todo el Nuevo Testamento acerca de la gracia, podemos decir que caer de la gracia no significa que si un cristiano peca, instantáneamente cae de la gracia y está en peligro de perder su salvación. Las promesas de la Escritura son claras: si hay arrepentimiento, entonces el pecado nos hace caer en la gracia (si la recibimos), ¡porque la gracia es para los pecadores! La aceptación y aprobación de la gracia no está reservada para los pocos que pueden vivir a la altura de un estándar alto y elevado. Es dada gratuitamente sin considerar el mérito o demérito del que la recibe, sino la obra completa de Jesús en el Calvario.

Caer de la gracia es dejar ir la gracia como el principio por el cual nos conectamos con Dios y elegir otro principio en su lugar.

Si negamos nuestro derecho a relacionarnos con Dios sobre el principio de la gracia, tomaremos el principio del legalismo para hacer esa conexión. En el legalismo, nuestra relación con Dios depende de nuestras obras, en lugar de depender de la obra de Dios. El legalismo puede promoverse bajo la apariencia de una preocupación genuina por mantener la norma moral de Dios; pero en su raíz, comunica que la obra de Jesús no es suficiente. El legalista cree que la obra de Jesús solo tiene valor si se combina con las obras del creyente. Muchos de los que adoptan el legalismo no piensan en él con ese nombre; simplemente piensan que es un acercamiento a Dios que tiene sentido. Puede tener sentido para la carne o para el hombre natural, pero no tiene sentido para el creyente que camina en el Espíritu, que gustosamente acepta la gracia.

Caer de la gracia es estar de acuerdo con cualquier sistema en el que la obra salvadora de Jesús es sustituida, en parte o totalmente, por la obra del hombre. Sin embargo, comprenda que nadie cae de la gracia de la noche a la mañana. Rechazar verdaderamente la gracia como nuestro principio de trato con Dios requiere un rechazo decidido del plan y la revelación de Dios, y esto solo puede ocurrir a lo largo de un período prolongado de tiempo.

Este peligro de caer de la gracia ayuda a explicar las muchas exhortaciones del Nuevo Testamento a continuar en la gracia:

> Pablo y a Bernabé, quienes hablándoles, les persuadían a que perseverasen en la gracia de Dios. (Hechos 13:43)

> Habían sido encomendados a la gracia de Dios. (Hechos 14:26)

> Pablo, escogiendo a Silas, salió encomendado por los hermanos a la gracia del Señor. (Hechos 15:40)

> Y ahora, hermanos, os encomiendo a Dios, y a la palabra de su gracia, que tiene poder para sobreedificaros y daros herencia con todos los santificados. (Hechos 20:32)

> Tú, pues, hijo mío, esfuérzate en la gracia que es en Cristo Jesús. (2 Tim. 2:1)

> Seguid la paz con todos, y la santidad, sin la cual nadie verá al Señor. Mirad bien, no sea que alguno deje de alcanzar la gracia de Dios. (Heb. 12:14-15)

> Antes bien, creced en la gracia y el conocimiento de nuestro Señor y Salvador Jesucristo. (2 Pedro 3:18)

El tema se enfatiza constantemente: continúen en la gracia, sean encomendados a la gracia, sean fuertes en la gracia, no dejen de alcanzar la gracia, crezcan en la gracia. No es de extrañar que Pablo estuviera tan preocupado por los que estaban en peligro de caer de la gracia.

El gran debate

¿Significa esto que si una persona ha caído de la gracia ha perdido su salvación? Aquí es donde volvemos a ese gran debate entre calvinistas y arminianos. Un lado dice: «Una vez salvo, siempre salvo», y el otro lado dice: «Es posible perder la salvación». Algunos piensan que las advertencias de Pablo son una prueba segura de que uno puede caer de la gracia y perder su salvación. Otros piensan que Pablo simplemente hace una advertencia y que es imposible que alguien que realmente ha recibido la gracia salvadora caiga de ella. Otros, creen que el que cae de la gracia pierde las bendiciones en esta vida, pero no en la vida eterna.

Cualquiera que sea su perspectiva sobre la seguridad de la salvación del creyente, todos podemos unirnos en la creencia de que continuar en la gracia es esencial para perdurar hasta el final en la vida cristiana. Esta perseverancia en la gracia no es un asunto secundario que deba ser tratado después de que nos aseguremos de que estamos cumpliendo con una norma moral; sino que es absolutamente central para seguir a Jesús. Entendemos que no es suficiente continuar en las buenas obras o en la moralidad; nunca debemos caer de la gracia.

¿Cómo saberlo?

¿Cómo podemos saber si nos estamos alejando de la gracia? Esta es una de esas áreas en la vida cristiana donde lo que importa es la actitud de nuestro corazón. Caer de la gracia ocurre primero en el corazón, y no podemos saber con certeza cuándo ocurre en otra persona. Sin embargo, podemos buscar señales en nosotros mismos que puedan indicar que estamos fallando en continuar en la gracia.

Una característica frecuente de los que se apartan de la gracia es el orgullo. La gracia y el orgullo son enemigos mutuos. Cuando caemos de la gracia a una actitud de legalismo, pronto comenzamos a pensar que ganamos las bendiciones que Dios da. Bajo el legalismo, los temas principales son ganar y merecer, en lugar de creer y recibir. Esto a menudo alimenta un orgullo «santo» que se llena de satisfacción en lo bien que vivimos para Dios. El legalista es propenso a tomar el crédito por cualquier logro espiritual percibido, mientras que el creyente que continúa en la gracia se complace en darle a Dios toda la gloria.

Otra característica de los que son inestables en la gracia es la inseguridad, porque cuando nos relacionamos con Dios de una manera legalista, solo sentimos su aprobación o aceptación cuando creemos que nuestro desempeño está a la altura de Dios. Spurgeon consideró el poder preservador de la gracia de Dios en un sermón:

> «Por la gracia de Dios» no solo somos lo que somos, sino que también seguimos siendo lo que somos. Hace mucho tiempo que nos habríamos arruinado y condenado, si Cristo no nos hubiera guardado con su gracia omnipotente.[68]

Bajo la gracia, nuestra relación con Dios se basa en quién es Él y lo que hizo por nosotros. Bajo el legalismo, nuestra relación con Dios se basa en quiénes somos nosotros y qué hacemos para Él.

Aquellos que están en peligro de caer de la gracia a menudo muestran una actitud de autosuficiencia. Los legalistas piensan que los recursos para la santidad están dentro de ellos y que lo único que deben hacer es buscar en su interior y esforzarse más. Esta actitud influye en la relación del legalista con los demás, porque no está convencido de su necesidad de contar con el apoyo y el cuidado de otros cristianos. Tristemente, con tal énfasis en la autosuficiencia, el que se aleja de la gracia está a menudo derrotado y desanimado por dentro, aunque parezca feliz y victorioso por fuera.

Finalmente, el que no se relaciona adecuadamente con la gracia, a menudo mostrará una frialdad general en su corazón y en su vida, porque no se conecta con Dios de la manera que Él ha señalado. El verdadero gozo del compañerismo y la comunión con Dios solo puede venir cuando somos obedientes al plan de Dios y reconocemos la soberanía de su sistema de gracia.

Hay una característica adicional del que está cayendo de la gracia, pero debe ser vista en su contexto. La mayoría de la gente piensa que el fracaso moral es la principal señal de alejamiento de la gracia; pero el fracaso moral abierto y evidente puede estar o no presente en el que se aleja de la gracia. Recuerde que los legalistas de Gálatas 5:4 eran muy morales, al menos en apariencia; pero Pablo les advirtió sobre su caída de la gracia. Cuando alguien que dice ser cristiano no cumple con la norma moral a la que es llamado, puede indicar que se está apartando de la gracia; pero, no siempre es así. El punto esencial es que el fracaso moral es un síntoma de alguien que se aleja de la gracia; el alejamiento es la raíz. Al guiar a esa persona de vuelta a Jesús, es importante abordar tanto la causa como el síntoma. Muchas personas se limitan a tratar los síntomas, o el fracaso moral. No hablan de la necesidad de la persona que ha caído de aceptar la gracia de Dios como el principio rector de su relación con Dios y de toda su vida.

Continuar en la gracia

También es importante reconocer las marcas del que continúa en la gracia. ¿Cómo es su vida?

Primero, muestran una genuina humildad, porque reconocen que Dios hizo la obra. Bajo la gracia, nos damos cuenta de que nosotros no recibimos el crédito, y nuestra vida es marcada por una maravillosa paz, porque sabemos que Dios es fiel, incluso, si tropezamos. Nuestra salvación se basa en lo que Dios hizo por nosotros y en nosotros, no en lo que nosotros hemos hecho. Los que continúan en la gracia muestran que confían en Dios más que en sí mismos y confiesan abiertamente su necesidad de escucharlo. También tienen una clara audacia en la vida y en el ministerio, pues entienden que Dios los acepta por lo que Él es y no por lo que ellos son. Saben que es suficiente si Dios los acepta y los aprueba. Reconocen que su salvación no está en peligro si fallan, por lo que son libres de vivir con valentía para Jesús. Más notablemente, y contrario a lo que el legalista piensa, al continuar en la gracia, tenemos el poder de vivir en verdadera victoria y dar fruto.

A la luz de la verdad de Pablo, vemos que muchos cristianos se enfocan en lo incorrecto cuando buscan la seguridad de su salvación. La verdadera seguridad no se puede medir por el desempeño moral (aunque es importante y no se puede ignorar). La mejor medida es si continuamos o no en la gracia. Si nos enfocamos solo en el desempeño moral, corremos el riesgo de tener un espíritu legalista, que aparentemente se ve bien, pero que en realidad rechaza la verdad de Dios y se aparta de su plan de gracia. La verdadera seguridad de la salvación proviene de continuar diligentemente en el plan de gracia de Dios y reconocer que, al hacerlo, tendremos las herramientas adecuadas para cumplir con los altos estándares morales del cristianismo.

Capítulo Once

Gracia para el oportuno socorro

Acerquémonos, pues, confiadamente al trono de la gracia,
para alcanzar misericordia y hallar gracia para el
oportuno socorro. (Heb. 4:16)

En los capítulos 4 y 5 del Apocalipsis, el apóstol Juan tiene una experiencia asombrosa al ser llevado al cielo de alguna manera y ver el trono de Dios. Si usted leyera estos capítulos y subrayara la palabra «trono» cada vez que se usa, vería que Juan casi parece obsesionado con el trono de Dios y con Aquel que se sienta en él. Todo en el cielo se describe en relación con el trono de Dios. Llegará un día cuando cada cristiano verá ese trono, y no hay forma de describir con precisión esa experiencia de este lado de la eternidad.

Podemos hacernos una mínima idea de lo que sería si lo comparamos con la experiencia moderna de conocer a un rey o a una celebridad famosa. Imagínese lo ansioso que se sentiría al caminar por un majestuoso corredor de palacio y ser conducido a la presencia de la reina de Inglaterra. La mayoría de nosotros estaríamos tan nerviosos que nos sería difícil disfrutar la experiencia. Sin embargo, el nerviosismo —la sensación de asombro o temor— no describe en absoluto lo que será ver a nuestro Gran Rey en su trono celestial. Ninguna comparación terrenal puede siquiera comenzar a ilustrar lo que sentiremos.

La comprensión más cercana que podemos llegar a tener sobre el gran trono de Dios es estudiando cuidadosamente y en oración lo que la Biblia dice al respecto. Este es un tema mencionado muchas veces en el Antiguo Testamento:

- Justicia y juicio son el cimiento de tu trono. (Sal. 89:14)
- Se sentó Dios sobre su santo trono. (Sal. 47:8)
- Ni deshonres tu glorioso trono. (Jer. 14:21)

A partir de estos versículos, podemos imaginarnos un trono blanco resplandeciente y lleno de gloria, pero no necesariamente un lugar donde seamos bienvenidos. Varias veces los discípulos de Jesús cayeron a sus pies cuando Él mostró un pequeño atisbo de su gloria. ¿Cómo podríamos presentarnos ante el Rey del Cielo sentado en su trono justo, santo y glorioso? Es casi como si la radiación al rojo vivo de su santidad y gloria pudiera destruir a cualquiera que entrara en su presencia.

Debemos estar agradecidos de que la carta a los cristianos hebreos nos diga más sobre el trono de Dios y que nos invite —incluso nos ordene— a acercarnos a su trono. Es un trono de juicio santo, pero también es un trono de gracia. El Antiguo Testamento retrata el trono de Dios en imágenes que podrían hacernos querer mantenernos alejados de él. De hecho, los antiguos rabinos del judaísmo enseñaban que Dios tenía dos tronos: uno de misericordia y otro de juicio. Ellos decían esto porque sabían que Dios era tanto misericordioso como justo, pero no podían entender que estos dos aspectos podían combinarse en uno solo. Si no podían reconciliarse, entonces quizás Dios tenía dos tronos para mostrar los dos aspectos de su carácter. Sobre un trono mostraría su juicio, y sobre el otro mostraría su misericordia.

Por fortuna, desde nuestra perspectiva de este lado de la cruz, vemos la misericordia y el juicio reconciliados en un solo trono de gracia. El trono de Dios desde la obra de Jesús en la cruz ha sido revelado como un trono de gracia, sin dejar de ser consistente con la justicia, el juicio, la santidad y la gloria de Dios. Esta es una lección poderosa que nos muestra que la gracia no es cuestión de que Dios, simplemente, pase por alto nuestro pecado y decida olvidarse de castigarlo. Alexander Maclaren habló elocuentemente sobre el significado del trono de la gracia:

Independientemente de todo lo demás que pueda haber en la naturaleza divina, el elemento soberano dominante en la Deidad es el amor inmerecido y la misericordia y la consideración bondadosa hacia nosotros, pobres criaturas ignorantes y pecadoras, que sigue derramándose sobre todo el mundo. Dios es Rey, y lo regio en Dios es la gracia infinita.[69]

Por lo tanto, cuando venimos a este trono, venimos a ofrecer tributo a nuestro Rey; pero, también, venimos a recibir su gran regalo regio de «gracia para el oportuno socorro» (Heb. 4:16).

¡Socorro!

El autor de Hebreos nos dice que encontramos «oportuno socorro» en el trono de la gracia. Una de las palabras más tristes de nuestro idioma es «desamparado», porque describe a alguien que no tiene ayuda o que está fuera del alcance de toda ayuda. Es triste estar desamparado, pero es glorioso tener libre acceso a un trono donde la «gracia para el oportuno socorro» es dada gratuitamente. Cuando llegamos a comprender nuestra necesidad de este socorro, nos sentimos tan desamparados como una tortuga boca arriba, y necesitamos acercamos al lugar donde podemos recibir algo del trono de la gracia. Podemos llegar a este lugar debido a circunstancias angustiosas o debido a la obra interna del Espíritu Santo que nos persuade de nuestra necesidad de Dios. De una forma u otra, Dios nos convence de nuestra necesidad para que podamos responder buscando el socorro de la gracia.

Es maravilloso que encontremos oportuno socorro en el trono de Dios en nuestro momento de necesidad. No encontramos un mero consejo o empatía, ni un comité de ayuda; encontramos socorro divino en nuestro momento de necesidad. Dios sabe exactamente cómo ayudar mejor a quienes tienen necesidades y le encanta obrar por medio de la gracia para satisfacer esas necesidades. Aunque mucha gente piensa que la Biblia enseña que «Dios ayuda a los que se ayudan a sí mismos», nunca encontraremos esa declaración en las Escrituras. Este proverbio en realidad se publicó en 1736 en el *Almanaque del pobre Richard,* de Benjamin Franklin, y desde una perspectiva bíblica, debería cambiarse por: «Dios ayuda a los que acuden por fe al trono de la gracia a encontrar gracia para el oportuno socorro».

Cuando necesitamos ayuda, la necesitamos en el momento oportuno. La ayuda inoportuna no es útil. La caravana no necesita la caballería antes del ataque o después del ataque, sino en el momento oportuno. El autor de Hebreos tuvo cuidado de señalar que encontramos «oportuno socorro». Esta frase, «oportuno socorro», se traduce literalmente como «ayuda oportuna» o «socorro en el momento adecuado». Afortunadamente, tenemos un Dios que es más fiel que la caballería, más fiel que la policía montada canadiense o el héroe de televisión que aparece en el momento preciso semana tras semana. Dios no solo sabe «qué» ayuda necesitamos, sino que también sabe exactamente «cuándo» la necesitamos. La mayoría de nosotros hemos esperado en Dios por algo y nos hemos sentido decepcionados porque pensamos que retrasa demasiado su ayuda, solo para después ver en retrospectiva que sus tiempos fueron perfectos.

Podemos estar seguros de que la ayuda que Dios da es más que suficiente para satisfacer nuestras necesidades. Él da conforme a sus riquezas y gloria, y su ayuda es abundante y copiosa. Él no escatima al socorrernos cuando lo necesitamos.

Se cuenta la historia de un niño pequeño que fue de compras con su madre al mercado de la esquina. El tendero quiso ser amable con la familia, así que invitó al niño a tomar un puñado de cerezas. Sin embargo, el chico parecía vacilante. «¿No te gustan las cerezas?» —preguntó el tendero. «Claro» —respondió el niño. Luego, el tendero agarró un gran puñado de cerezas y las vertió en las manos extendidas del niño. Más tarde, su madre le preguntó por qué no se había llevado las cerezas cuando se le invitó la primera vez. El niño respondió rápidamente: «¡Porque sus manos eran más grandes que las mías!».

Cuando acudimos a Dios en busca de socorro, el regalo que Él nos da es según la medida de su gloria y majestad. Él da según quién es Él y no según quiénes somos nosotros. Él es un Dios grande, que ama dar grandes regalos a los que le piden y confían en Él.

Observe lo que nos ayuda en nuestro tiempo de necesidad: la gracia de Dios. Esta gracia que Dios da, ayuda de maneras específicas. No es solo una cura mística que Dios nos da en nuestro momento de necesidad. Aunque la plenitud de la ayuda de la gracia está más allá de nuestra capacidad de enumerar o describir, el Nuevo Testamento dice varias cosas prácticas que la gracia nos ayuda a hacer. Pero antes de enumerarlas, recordemos nuevamente qué es la gracia: el amor y el favor inmerecidos que Dios derrama sobre aquellos que vienen a Él por la fe en su Hijo.

¿Cómo ayuda la gracia?

Una de las formas más importantes en que la gracia ayuda es que nos capacita para obedecer a Dios. Como hemos visto anteriormente, Pablo dijo que una de las razones por las que se recibe la gracia es para que podamos obedecer:

> «Recibimos la gracia y el apostolado, para la obediencia a la fe» (Rom. 1:5).

Necesitamos ayuda para ser cristianos obedientes. Nunca es fácil perseverar en la obediencia, y aquellos que luchan con ahínco por obedecer reconocen que necesitan utilizar toda la ayuda que puedan obtener. La gracia interviene y nos ayuda a obedecer de varias maneras. Nos ayuda a obedecer cuando quita nuestra mirada de nosotros mismos y la pone de nuevo en Jesús. Bajo la gracia, nos damos cuenta de que no hay nada en nosotros que pueda ganar el favor de Dios, y de que todas nuestras esperanzas y expectativas deben descansar en Jesús y no en nosotros. La gracia también nos ayuda a obedecer porque cambia nuestra motivación para obedecer. Bajo la gracia, no sentimos la necesidad de ganarnos el favor y la aprobación de Dios, así que obedecemos por gratitud, no por tratar de pagar una deuda.

Otra forma en la que la gracia nos ayuda a obedecer es que nos enseña cómo agradar a Dios y cómo agradarle por las razones correctas:

> Porque la gracia de Dios se ha manifestado para salvación a todos los hombres, enseñándonos que, renunciando a la impiedad y a los deseos mundanos, vivamos en este siglo sobria, justa y piadosamente. (Tito 2:11-12)

Si realmente queremos agradar a Dios con nuestra obediencia, debemos inscribirnos en su escuela de gracia y permitir que la gracia nos enseñe a obedecerle. Note que la misma gracia que trae la salvación también nos instruye en el camino de la vida piadosa. No podemos recibir la salvación de la gracia separada de la enseñanza de la gracia, la cual nos instruye en la obediencia.

Otra forma en la que la gracia nos ayuda es en nuestra adoración. Pablo consideraba un corazón lleno de gracia como esencial para la adoración que agradaba a Dios. Él dijo:

> La palabra de Cristo more en abundancia en vosotros, enseñándoos y exhortándoos unos a otros en toda sabiduría, cantando con gracia en vuestros corazones al Señor con salmos e himnos y cánticos espirituales. (Col. 3:16)

La adoración es una actividad aprendida. Nuestra adoración a Dios es tan rica como nuestra apreciación de quién es Él y lo que ha hecho por nosotros. Si no conocemos la naturaleza y la obra de la gracia, no podemos adorar en toda su extensión. Un conocimiento experiencial de la gracia afectará radicalmente nuestra adoración y nos dará una asombrosa gratitud hacia Dios. Los creyentes que caminan en gracia adoran libremente, porque pueden enfocarse completamente en Jesús y no en sí mismos.

Otra de las áreas en las que a menudo se necesita la ayuda que brinda la gracia es la forma en la que hablamos. Siempre es fácil decir cosas que derriben a otros en lugar de edificarlos. Las palabras sarcásticas, críticas e irrespetuosas parecen fluir fácilmente de nuestra lengua. Sin embargo, el Nuevo Testamento nos dice que Dios ha ordenado la gracia para ayudarnos a hablar correctamente, de una manera que traiga gloria a Él:

> «Sea vuestra palabra siempre con gracia, sazonada con sal, para que sepáis cómo debéis responder a cada uno» (Col. 4:6).

Cuando realmente hemos recibido la gracia, no podemos evitar ser dadores del amor y el favor inmerecido de Dios a los demás. Podemos ser canales del favor inmerecido de Dios por lo que decimos. ¿Hablaremos con palabras que expresen nuestro amor incondicional y aceptación de los demás? ¿O diremos (o insinuaremos) que nuestro amor depende de su desempeño? Cuando nuestras palabras estén sazonadas con gracia, tendremos el deseo y la capacidad de expresar palabras que traigan consuelo, seguridad y aliento. Edificaremos a otros con lo que decimos, en lugar de derribarlos.

La gracia también nos ayuda a decir lo que debemos decir en otras situaciones. Cuando nos encontramos en circunstancias en las que tenemos la oportunidad de defender nuestra fe, la gracia puede ayudarnos a hablar de la manera que debemos, asegurándonos la aprobación permanente de Dios. Por lo tanto, podemos hablar con denuedo, sin un corazón que implore la aprobación del hombre. Podemos ser libres de decir la verdad en amor; porque, aunque otros nos rechacen, confiamos en la aceptación de Dios.

La gracia también nos ayuda a servir a Dios de manera que le agrade, como leemos en Hebreos 12:28:

> «Así que, recibiendo nosotros un reino inconmovible, tengamos gratitud, y mediante ella sirvamos a Dios agradándole con temor y reverencia».

Una de las formas más importantes en las que la gracia nos ayuda a servir a Dios es que nos impulsa a servirlo con la motivación adecuada. Bajo la gracia, reconocemos la justicia de Dios y sentimos la necesidad de servirle por gratitud, en lugar de felicitarnos orgullosamente por las cosas buenas que hacemos por Él. Servir por el deseo de ganar el favor del Señor no es un servicio aceptable. Tampoco es correcto hacer las cosas para Dios pensando que Él estará obligado a hacer algo por nosotros. Esta actitud ofende la verdad y la gloria de Dios, porque si pensamos que podemos ponerlo en deuda con nuestro servicio a Él, entonces nuestro servicio no es aceptable a sus ojos.

Pablo tenía la perspectiva correcta en su servicio a Dios. Sabía que su ministerio era una facultad de la gracia:

> «Fui hecho ministro por el don de la gracia de Dios […] me fue dada esta gracia de anunciar

entre los gentiles el evangelio de las inescrutables riquezas de Cristo (Ef. 3:7-8).

En cualquier forma que usted sirva entre el pueblo de Dios (y todos son llamados a servir de alguna manera), asegúrese de que su trabajo se realice bajo la motivación y la facultad de la gracia. Si no se realiza bajo la dirección de la gracia, entonces su servicio no es aceptable para Dios.

La gracia también nos ayuda a convertirnos en dadores. Es fácil para muchos cristianos dejar que Jesús sea el Señor de todo, excepto de sus finanzas. Entregar nuestra vida financiera a Jesús rara vez es fácil, y debemos ser instruidos y asistidos por la gracia para que podamos aprender a ser dadores alegres:

> De manera que exhortamos a Tito para que tal como comenzó antes, asimismo acabe también entre vosotros esta obra de gracia. Por tanto, como en todo abundáis, en fe, en palabra, en ciencia, en toda solicitud, y en vuestro amor para con nosotros, abundad también en esta gracia […]. Y poderoso es Dios para hacer que abunde en vosotros toda gracia, a fin de que, teniendo siempre en todas las cosas todo lo suficiente, abundéis para toda buena obra. (2 Co. 8:6-7, 9:8)

La gracia de la que habla Pablo en este pasaje es la gracia que nos lleva a ser dadores. Pablo anima a estos cristianos de Corinto a dar generosamente en beneficio de los cristianos pobres y hambrientos de Jerusalén. Después de todo, abundaban en fe, palabra, conocimiento, diligencia y amor; ya era tiempo de que también abundaran en su capacidad de dar.

La gracia nos enseña a asumir una actitud correcta. Cuando Jesús habló de la viuda que le dio dos blancas, mostró que no es la cantidad que damos lo que impresiona a Dios, es nuestra actitud al dar lo que le interesa. No podemos dar con el corazón correcto si no nos damos cuenta de que dar debe ser una obra de gracia. Esto no solo es cierto en cuanto a las finanzas, sino en todo lo que damos.

El sacrificio de Jesús, dar todo lo que tenía y todo lo que era, demostró su asombrosa gracia hacia el hombre. Estuvo dispuesto a darlo todo, y a darlo gratuitamente en beneficio de todos los que quisieran recibirlo. Cuando recibimos esta gracia y la comprendemos, no podemos evitar responder convirtiéndonos en dadores. La persona tacaña teme dar demasiado, pero la persona llena de gracia sabe que, gracias a esta, nunca dará más que Dios. La demostración de la gracia de Dios en Cristo muestra que Él es el dador supremo.

Una de las formas más significativas en las que la gracia nos ayuda, es edificando un corazón firme dentro de nosotros. El escritor a los Hebreos señala esto:

> «No os dejéis llevar de doctrinas diversas y extrañas; porque buena cosa es afirmar el corazón con la gracia (Heb. 13:9).

Doctrinas extrañas a menudo se extienden por la iglesia, lo que hace que sea aún más importante que nuestros corazones sean afirmados con la gracia. Pablo advirtió:

> Porque vendrá tiempo cuando no sufrirán la sana doctrina, sino que teniendo comezón de oír, se amontonarán maestros conforme a sus propias concupiscencias, y apartarán de la verdad el oído y se volverán a las fábulas. (2 Tim. 4:3-4)

Ciertamente, parece que ese momento es ahora, y con nuestras amplias comunicaciones globales, es asombroso lo rápido que el engaño puede extenderse por todo el mundo. Sin embargo, si afirmamos nuestros corazones con la gracia, ella tiene una manera de hacer que nuestros oídos tengan menos comezón y nos hace menos propensos a desviarnos hacia las fábulas. La gracia, cuando es aplicada bíblicamente en la vida del creyente, tiene una notable capacidad para afirmar el corazón de quien la recibe. Venir a Dios sobre el principio de la gracia (en oposición a la ley) nos da la paz y la seguridad de saber que la salvación y la bendición no se ganan, sino que se dan y se reciben gratuitamente mediante una fe genuina.

Caminar en la gracia nos mantiene doctrinalmente en el camino correcto y evita que nuestros corazones sigan «doctrinas diversas y extrañas». Una comprensión del favor inmerecido de Dios también nos ayuda a poner a prueba las doctrinas extrañas, porque las enseñanzas falsas a menudo rechazan la enseñanza bíblica de la gracia. Por ejemplo, algunas enseñanzas falsas promueven la idea de que la salvación es el resultado de las obras y la gracia, que debemos trabajar tan duro como podamos para nuestra salvación y que luego, de alguna manera, la gracia compensará lo que falta. ¡Esto no es cierto! La salvación es «toda» por gracia, y somos salvos «para» buenas obras, no «por» buenas obras.

Otros, predican una pseudogracia que no nos transforma para obediencia y no enseña a vivir piadosamente. De nuevo, sabemos que cuando la verdadera gracia reina, la justicia también reinará. Algunos sugieren en sus enseñanzas que Dios da a los creyentes por obligación y niegan así el motivo de Dios de dar, aunque no lo merezcamos. La gracia ayuda a afirmar nuestros corazones, porque una manera de poner a prueba las falsas doctrinas es examinar sus enseñanzas con respecto a la gracia.

Rechazar esta ayuda

Desafortunadamente, algunas personas optan por rechazar la ayuda que Dios ofrece a través de su gracia. Sin embargo, rechazar esta gracia causa un gran peligro. El Nuevo Testamento muestra muchas formas en que la gracia es nuestro oportuno socorro:

- nos ayuda a obedecer (Rom. 1:5),
- nos ayuda a adorar (Col. 3:16),
- nos ayuda a hablar correctamente (Col. 4:6),
- nos ayuda a servir a Dios (Heb. 12:28),
- nos ayuda a dar (2 Co. 8:6-7, 9:8),
- nos ayuda a afirmarnos en la verdad (Heb. 13:9).

El cristiano derrotado y seco a menudo rechaza la ayuda de la gracia y confía en sus propias habilidades para hacer lo que Dios quiere ayudarle a hacer. A veces, esta dependencia de uno mismo trae éxito temporal y exterior, pero es inútil en el largo curso de la vida cristiana. Recuerde, que estar decepcionado de sí mismo es haber confiado en uno mismo, y que estar desamparado es no acudir al trono de la gracia para encontrar socorro. Muchas personas quieren hacer todas las cosas correctas con intenciones piadosas, pero sus intentos están arraigados en la autosuficiencia. Estos individuos necesitan especialmente recibir la instrucción y la ayuda de la gracia.

Acudir a su trono

A algunas personas no les gusta pensar en presentarse ante el trono de Dios. Viven cada día sin saber realmente si son completamente aceptados por Él o no. Prefieren no pensar en el regreso de Jesús, porque no están seguros de cómo serán recibidos por Él. Pero la Palabra de Dios enseña que podemos presentarnos ante un trono de gracia, ahora mismo y en la vida venidera. Si hemos recibido la gracia por fe en Jesús durante esta vida, entonces también podemos disfrutar de esa gracia en la vida venidera. Si rechazamos a Jesucristo y su plan de salvación por gracia, tendremos que responder ante el gran trono blanco del juicio. El apóstol Juan escribió:

> Y vi un gran trono blanco y al que estaba sentado en él, de delante del cual huyeron la tierra y el cielo, y ningún lugar se encontró para ellos. Y vi a los muertos, grandes y pequeños, de pie ante Dios; y los libros fueron abiertos, y otro libro fue abierto, el cual es el libro de la vida; y fueron juzgados los muertos por las cosas que estaban escritas en los libros, según sus obras. (Ap. 20:11-12)

Ahora tenemos el privilegio de elegir a qué trono iremos. En realidad, solo hay un trono, pero elegimos venir a ese trono como rebeldes que merecen juicio o como siervos que reciben gracia. Y, «¿cómo escaparemos nosotros, si descuidamos una salvación tan grande?» (Heb. 2:3).

Es bueno pensar en el día en que realmente nos presentaremos ante ese impresionante trono de Dios. Cuando pensemos en ese día, debemos estar agradecidos porque es un trono de gracia, de favor inmerecido, que se recibe por la fe genuina en Jesucristo. También debemos ser desafiados a saber que si escuchamos a Jesús decir: «Bien, buen siervo y fiel, entra en el gozo de tu Señor», será porque hemos sido siervos por el poder y la obra de la gracia. Descansamos sabiendo que todo lo que no proviene de la gracia será quemado y que esas cenizas no cuentan para nada ante su trono de gracia. Al buscar el socorro que necesitamos para vivir la vida cristiana, debemos vivir según el lema: «Todo es por gracia; y la gracia es para todos».

Capítulo Doce

La gracia y el orgullo

Dios resiste a los soberbios, y da gracia a los humildes.

(1 Pedro 5:5)

Que «Dios resiste a los soberbios» es un hecho probado una y otra vez a través de las páginas de la Biblia. Cuando Israel exigió un rey, Dios escogió a Saúl, que era un hombre muy humilde. Pero el corazón de Saúl pronto se llenó de soberbia y se rebeló contra Dios y su palabra. No pasó mucho tiempo hasta que el Señor le quitara el reino y se lo diera a un humilde pastor llamado David.

Dios también humilló al rey Nabucodonosor de Babilonia cuando se volvió orgulloso. En el apogeo de la gloria y el esplendor real de Nabucodonosor, Dios lo castigó con locura hasta que llegó a renunciar a su orgullo y dio la gloria al Dios del cielo. También en el ministerio de Jesús, vemos que a menudo confrontó el orgullo del hombre. Sus reprensiones más fuertes no fueron dirigidas a los adúlteros ni a los borrachos, sino a las personas religiosas soberbias y farisaicas de su época.

Es útil preguntar el porqué. ¿Por qué el orgullo es un pecado tan grande? ¿Por qué Dios se opone al orgullo y recibe honra con la humildad del hombre? En su libro *Mero cristianismo*, C.S. Lewis, explica parte de la respuesta:

> Según los maestros cristianos, el vicio esencial, el mal máximo, es el orgullo. La falta de castidad, la ira, la avaricia, la embriaguez y todo eso son meras insignificancias en comparación. Fue por el orgullo que el diablo se convirtió en diablo. El

orgullo lleva a todos los demás vicios, es el estado mental completamente anti-Dios.[70]

A continuación, Lewis expone la peligrosa naturaleza del orgullo:

> Los otros vicios, menos malos, provienen del diablo que actúa en nosotros a través de nuestra naturaleza animal. Pero este no viene a través de nuestra naturaleza animal en absoluto. Viene directamente del infierno. Es puramente espiritual, en consecuencia, es mucho más sutil y mortal.[71]

La gran estrategia de Satanás es convertirnos en religiosos soberbios sin una verdadera relación con Jesús. Él trata de trabajar en nosotros la actitud del fariseo de la parábola de Jesús en Lucas 18:9-14: «Dios, te doy gracias porque no soy como los otros hombres», en lugar de decir como el publicano: «Dios, sé propicio a mí, pecador». El diablo aprecia más a un santo soberbio que a toda una manada de pecadores miserables. Cuando ve a un creyente que camina con orgullo, puede decir: «¡Aquí hay alguien como yo! Conciente de las cosas espirituales, pero completamente infectado con el cáncer del orgullo».

Aunque la gran obra de Satanás es convertirnos en religiosos soberbios, Dios tiene un propósito completamente diferente para nosotros. El objetivo infernal de Satanás es recrearnos a su propia semejanza infernal; pero el gran plan de Dios es restaurar completamente su imagen en nosotros y ha designado una forma específica para comenzar y completar esta obra de restauración. La gracia es la gran arma que Dios usa para hacer avanzar su plan; el orgullo es la principal herramienta del diablo en su obra destructiva. Una comprensión de la gracia nos permite resistir la sutil estrategia del diablo de volvernos soberbios.

¿Cómo obtenemos gracia?

El favor de Dios es valioso. La palabra que Pablo usa y es traducida como «favor», en el idioma griego antiguo expresaba cuán apreciado era este favor en su época. En la época en que Pablo escribió, la palabra *gracia* (*charis*) se usaba para describir el favor imperial mediante el cual se otorgaban obsequios a las ciudades y personas del Imperio romano.[72] Si la actitud del emperador hacia usted era *charis*, significaba que disfrutaba un estatus y privilegio que aquellos fuera de la gracia del emperador no conocían. Recibir esta gracia significaba que usted (o su ciudad) eran tenidos en especial consideración por el emperador de Roma. Sin embargo, el favor de Dios es mucho mayor que la consideración de cualquier emperador humano. Ser un receptor de su gracia significa que usted es importante para Él, que Él lo considera como uno de sus amigos especiales.

Pero, ¿cómo podemos ganar este estatus de favor a los ojos de Dios? Para responde esta pregunta puede ser útil entender primero cuál es nuestro enfoque para ganar el favor de los demás. Los niños que están hambrientos de aceptación aprenden temprano lo que se debe hacer para obtener la aprobación de los padres. Entienden qué comportamientos reciben elogios y qué comportamientos obtienen desaprobación en la escuela. Todos aprendemos que, para ganar el favor de un maestro, debemos ser buenos. Descubrimos lo que un maestro requiere para la calificación que queremos y nos proponemos cumplir con esos estándares de nuestro maestro. Más tarde, nos enteramos de que para ganar el favor de un político debemos contribuir con un gran cheque a su fondo de campaña. Para ganar el favor de alguien que es popular, debemos hacer cosas para que esa persona se sienta más popular.

Todos estos métodos, generalmente, tienen éxito en ganar el favor de los demás; pero ninguno de ellos funciona para obtener el favor de Dios. No podemos ganar la gracia de Dios siendo buenos, ni podemos ganar su aprobación por contribuir con suficiente dinero para su obra. Es cierto que podemos ganar el favor de los demás mediante la alabanza y la adulación, y aunque Dios es digno de nuestro honor y adoración, ni siquiera la alabanza más dulce puede darnos el estatus especial ante Dios que la gracia puede dar. Y entonces nos preguntamos: «¿Cómo recibimos esta gracia?».

Los teólogos discuten sobre la respuesta. La Iglesia Católica Romana enseña que la gracia se obtiene a través del catolicismo, que su iglesia es como un «banco» de la gracia. Creen que los grandes santos a lo largo de los siglos fueron tan buenos que recibieron la gracia que no necesitaban, por lo que depositaron su gracia «extra» en la iglesia. Podemos hacer retiros de esta gracia realizando diferentes sacramentos. Thomas Torrance explica el punto de vista católico romano sobre cómo se recibe la gracia:

> La iglesia como cuerpo de Cristo fue vista como depositaria de la gracia neumática [espiritual], que podía ser dispensada de forma sacramentalista siguiendo la analogía de las religiones mistéricas. La iglesia, en otras palabras, poseía los medios de la gracia.[73]

Esta forma de ver a la iglesia como un banco de la gracia en realidad comenzó temprano en la teología cristiana. Por ejemplo, Ignacio (quien murió en algún momento entre el 98 y el 117 d. C.) pensaba que la gracia y su distribución se ubicaban especialmente en los obispos de la iglesia. Más tarde se pensó que esto significaba que el sacerdote o el obispo funcionaban como un cajero en el «banco de la gracia» de la iglesia. A través de los sacramentos que ofrecían, la gracia extra de los santos se ponía a disposición del hombre o la mujer común. Así, en la visión católica romana, la gracia se obtiene a través de la iglesia al recibir los sacramentos.

Era comprensible que la gente empezara a pensar así. Después de todo, algunos santos parecían merecer y ganar tanta gracia que no podían usarla toda, mientras que otros ganaban y merecían muy poco. Se creía que a los santos piadosos no les importaba compartir su gracia extra con los que la necesitaban. Sin embargo, este punto de vista sobre la recepción de la gracia contradice la enseñanza del Nuevo Testamento. La Biblia enseña que la gracia se recibe como un regalo de Jesús que es tomado directamente por el creyente sin pasar por la iglesia, el sacerdote o los sacramentos. Pablo les dijo a los corintios:

> «Gracias doy a mi Dios siempre por vosotros, por la gracia de Dios que os fue dada en Cristo Jesús» (1 Co. 1:4).

Cuando consideramos el ministerio terrenal de Jesucristo, vemos que Él fue un dador constante de gracia. Jesús siempre estaba otorgando su favor y aprobación a aquellos que acudían a Él por fe, independientemente de sus méritos. Cristo continúa esta obra hoy, dando gratuitamente la gracia a los que creen. Pablo repite este tema de recibir la gracia de Jesús con frecuencia:

- Por quien [Jesús] recibimos la gracia. (Rom.1:5)
- Por quien [Jesús] también tenemos entrada por la fe a esta gracia en la cual estamos firmes. (Rom. 5:2)
- Según las riquezas de su gracia, que [Jesús] hizo sobreabundar para con nosotros. (Ef. 1:7-8)

Thomas Torrance afirma que la iglesia comenzó a equivocarse en su doctrina de la gracia cuando separó la recepción la gracia de la persona de Jesús, y que este error comenzó a aparecer temprano en la historia de la iglesia. La gente estaba tan conciente de la santidad y la perfección de Jesús que les resultaba difícil creer que podían venir directamente a Cristo por este precioso e inmerecido favor.[74]

Debido a que Jesús nos enseña a venir directamente al Padre a través de Él (Juan 14:6), debemos cuidarnos de pensar que necesitamos cualquier otro mediador para recibir su aceptación y aprobación. El Nuevo Testamento nunca nos dice que un creyente debe obtener la gracia de alguna otra fuente que no sea Jesús.

¿Quién quiere gracia?

Con este asombroso acceso directo al favor de Dios disponible para todos, podríamos preguntarnos por qué las personas no están dispuestas a hacer fila para recibir la gracia de Dios. Piense en lo que sucedería si el presidente hiciera el siguiente anuncio desde la Casa Blanca: «Todos los que vengan a la Casa Blanca el próximo miércoles al mediodía serán considerados amigos especiales del presidente de los Estados Unidos». Supongo que a algunas personas no les importaría; pero, por supuesto, habría una fila que comenzaría en 1600 Pennsylvania Avenue y se extendería por millas. Muchos querrían aprovechar tal oferta. Sin embargo, ¿por qué la gente no responde de la misma manera a la oferta de Dios?

La respuesta tiene que ver con una característica especial de la persona que busca y encuentra la gracia de Dios. Las Escrituras nos dicen que recibir la gracia depende de la humildad:

> «Dios resiste a los soberbios, y da gracia a los humildes» (1 Pedro 5:5, Santiago 4:6, cada uno citando la idea de Proverbios 3:34).

Esta declaración directa acerca de recibir la gracia de Dios se repite tres veces en la Biblia. Hay una verdad especial aquí que Dios quería enfatizar, así que la escribió reiteradamente. Esta es la esencia de esa verdad: los soberbios rechazan la gracia porque la gracia se niega a considerar cualquier mérito o valor que la gente crea tener. Recuerde que la gracia, por definición, es un favor inmerecido, otorgado independientemente de cualquier consideración de mérito en el receptor. Las personas soberbias no quieren tener nada que ver con un sistema que no tiene en cuenta lo maravillosos que son; por lo tanto, rechazan la gracia y son resistidos por Dios. La gracia y el orgullo son enemigos irreconciliables, porque el orgullo exige que se glorifiquen sus méritos, mientras que la gracia se niega a considerarlos.

Por otra parte, los humildes se dan cuenta de su propia indignidad y de su completa incapacidad para alcanzar su valía. Son los que dicen: «Dios, sé propicio a mí, pecador», reconociendo que no merecen de parte del Señor otra cosa que juicio. Cuando se acercan a Dios con esta humildad, encuentran su favor y aprobación esperándolos. Todos los que se acerquen a Dios deben venir con un reconocimiento honesto de su indignidad.

No es que nos ganemos la gracia con nuestra humildad; sino que, al ser humildes, recibimos la gracia de Dios de forma natural, la cual es dada gratuitamente en Jesús. El orgullo demuestra que tenemos un desacuerdo fundamental con el plan de gracia de Dios, porque la gracia no se basa en ganar y merecer. Cuando somos humildes, demostramos que estamos de acuerdo con ese plan y reconocemos tanto nuestra indignidad como la grandeza de Dios.

Frenar el orgullo

Sabemos que solo aquellos que dejan a un lado su orgullo querrán llegar a Dios por el camino de la gracia. Pero también es importante ver que mientras caminamos en la gracia, la gracia frena la peligrosa infección del orgullo en la vida del cristiano.

Una comprensión de la gracia nos impide sentirnos orgullosos de nuestra salvación. Como escribió Pablo:

> «Porque por gracia sois salvos por medio de la fe;
> y esto no de vosotros, pues es don de Dios; no por
> obras, para que nadie se gloríe (Ef. 2:8-9).

Si sabemos que nuestra salvación y posición de favor ante Dios es por gracia y no por obras, ¿cómo podemos ser soberbios? ¿De qué podemos jactarnos? Todo se debe a la gracia y la bondad de Dios. Por lo tanto, ser orgulloso es estar ciego, porque no somos ni tenemos nada. Todo de lo que pudiéramos jactarnos está en Jesús. Dios lo hizo así para promover la humildad en la raza humana, a la que le resulta fácil gloriarse de sí misma.

Dios diseñó la creación para edificar esta humildad en el alma del hombre. Este propósito no pasó desapercibido para el salmista:

> «Cuando veo tus cielos, obra de tus dedos, la luna
> y las estrellas que tú formaste, digo: ¿Qué es el
> hombre, para que tengas de él memoria, y el hijo
> del hombre, para que lo visites?» (Sal. 8:3-4).

Si la obra creativa de Dios en la naturaleza estaba destinada a enseñarnos humildad, ¿cuánto más deberíamos recibir esta lección de humildad de la obra de nueva creación que Dios hace en la vida del creyente? Cada uno en Jesús es una nueva criatura, y una verdadera apreciación de este hecho produce siempre una nueva criatura que no se jacta de sus méritos ni de su valía.

Los creyentes que ocasionalmente caen en el orgullo y la jactancia deben ser una gran fuente de asombro para los ángeles que miran desde el cielo. Los ángeles deben preguntarse: «¿De qué pueden jactarse? ¿No ven que todo es obra de la gracia de Dios?».

¿Y qué hay de los que habitualmente exhiben orgullo y jactancia? Vivir de esta manera contradice la verdadera creencia en Dios.

Nadie que genuinamente reciba y experimente la gracia de Dios puede vivir una vida caracterizada por el orgullo. Tal persona debe examinar su corazón para ver si ha sido engañado por una falsa conversión. Charles Spurgeon lo expresó de esta manera: «El que se dice a sí mismo:

> "Yo soy justo; puedo estar delante de Dios y merecer su amor", está tan perdido como si hubiera caído en un pecado grave. Cuídense del fariseo que acecha dentro de ustedes».[75]

El principio de la gracia nos ayuda a corregir nuestro orgullo con respecto a nuestra salvación y también nos ayuda a evitar otras trampas comunes del orgullo en la vida cristiana. Por ejemplo, muchos cristianos se vuelven soberbios y se jactan de su supuesta madurez y sus logros espirituales. No reconocen que el crecimiento espiritual no se gana; es un don de la gracia. Al permanecer en Jesús, creceremos y daremos fruto para Dios de forma natural. No es que hayamos ganado el crecimiento espiritual por nuestra disciplina y diligencia, sino que nos hemos puesto en posición de recibirlo como un regalo de Dios.

Otra forma en que muchos cristianos tropiezan con el orgullo es en el área del ministerio. Puede ser fácil jactarse y enorgullecerse de la idea de que Dios nos ha elegido para un ministerio en particular. Pablo tenía una mentalidad que lo mantenía alejado de este peligro. Repetidamente, aprovechó la oportunidad para decir en sus cartas que reconocía que su llamado y ministerio no eran el resultado de su valía, sino de la gracia de Dios:

> Porque nosotros somos colaboradores de Dios, y vosotros sois labranza de Dios, edificio de Dios. Conforme a la gracia de Dios que me ha sido dada, yo como perito arquitecto puse el fundamento, y otro edifica encima. (1 Co. 3:9-10)

> Pero por la gracia de Dios soy lo que soy; y su gracia no ha sido en vano para conmigo, antes he trabajado más que todos ellos; pero no yo, sino la gracia de Dios conmigo. (1 Co. 15:10)

> Pero cuando agradó a Dios, que me apartó desde
> el vientre de mi madre, y me llamó por su gracia,
> revelar a su Hijo en mí, para que yo le predicase
> entre los gentiles. (Gal. 1:15-16)

Es triste que los ministros y otros líderes de la iglesia puedan ser vanidosos y soberbios al pensar que su ministerio es el más importante y compitan con otros por el protagonismo. También es trágico que muchos líderes disfruten de la distinción entre «cleros» y «laicos», y que algunos entren en el ministerio para reforzar una baja autoimagen. Pero Pablo sirve como un excelente ejemplo de alguien que entendía que su llamado y obra estaban basados en el favor inmerecido de Dios; no había nada de mérito propio en ello. De hecho, es difícil imaginar una persona menos merecedora del ministerio que Saulo de Tarso; sin embargo, Dios lo llamó. Debido a que es característico de la gracia de Dios no esperar a la actuación humana, Él puede llamar a alguien como Saulo, el perseguidor, y transformarlo en Pablo, el apóstol. El gran misionero y teólogo de la iglesia apostólica sabía que no había lugar para el orgullo o la autoglorificación en su ministerio, y nosotros debemos admitir lo mismo con respecto a cualquier ministerio al que Dios nos haya llamado.

Otra área en la que somos vulnerables al orgullo es en la de los dones sobrenaturales otorgados por el Espíritu Santo para el servicio en el cuerpo de Cristo. Pablo tuvo cuidado de decirnos que estos dones se dan sobre la base de la gracia, no de las obras:

> Pero a cada uno de nosotros fue dada la gracia
> conforme a la medida del don de Cristo [...]. Y
> él mismo constituyó a unos, apóstoles; a otros,
> profetas; a otros, evangelistas; a otros, pastores y
> maestros. (Ef. 4:7, 11)

> Digo, pues, por la gracia que me es dada, a cada
> cual que está entre vosotros, que no tenga más
> alto concepto de sí que el que debe tener, sino
> que piense de sí con cordura, conforme a la
> medida de fe que Dios repartió a cada uno [...].
> De manera que, teniendo diferentes dones, según
> la gracia que nos es dada, si el de profecía, úsese

> conforme a la medida de la fe; o si de servicio, en
> servir; o el que enseña, en la enseñanza; el que
> exhorta, en la exhortación; el que reparte, con
> liberalidad; el que preside, con solicitud; el que
> hace misericordia, con alegría. (Rom.12:3, 6-8)

Sea cual sea su opinión sobre los dones del Espíritu Santo y su lugar en la vida de la iglesia, probablemente, usted conozca a algunas personas que ejercen esos dones con una actitud de superioridad. Pablo tiene cuidado de señalar que esa actitud no tiene ningún fundamento. Los dones no solo son dados por gracia, sino que también son expresiones de la gracia. Así lo indican las palabras específicas que Pablo utiliza para describir los dones espirituales en el idioma original del Nuevo Testamento. *Charis* («gracia») es la raíz de *charisma* («don espiritual»). Pablo está diciendo que estos dones espirituales son, de hecho, dones de gracia. En su misma raíz está implícito que son inmerecidos. Parece que Pablo inventó este término para expresar el pensamiento de un don dado sobre la base de la gracia. Cuando entendemos que estos dones se dan sobre esa base, nos sirve como protección contra la autocomplacencia, la autoimportancia o el orgullo. Después de todo, ¿cómo podemos estar orgullosos de algo que hemos recibido solamente por gracia? Nuestro orgullo por estos dones de gracia no tiene fundamento.

Gracia y gloria

La comprensión de la gracia no solo aparta nuestra mirada de nuestros méritos y valía; sino también, es igualmente eficaz para poner el enfoque en la santidad y el carácter majestuoso de Dios. Por lo tanto, Dios abrió un camino para que nos convirtiéramos en canales de su gracia para bendecir a los demás. Podemos impartir gracia a otros a través de lo que decimos:

> «Ninguna palabra corrompida salga de vuestra
> boca, sino la que sea buena para la necesaria
> edificación, a fin de dar gracia a los oyentes» (Ef.
> 4:29).

Dios quiere que recibamos su gracia y luego lo imitemos amando a los demás y animándolos, ya sea que lo merezcan o no.

Tenemos la oportunidad de manifestar el favor de Dios a los demás mostrándoles un amor y una aceptación que no se basan en sus méritos ni en su rendimiento. Por medio de nuestras palabras, tenemos una ocasión especial de hacer esto, porque lo que decimos puede expresar esta actitud de gracia. Una de las maneras en que Dios comunica su gracia es por medio de las palabras llenas de gracia que nos dijo. Nosotros mostramos gracia hacia los demás de la misma manera, asegurándoles nuestro amor y favor, incluso cuando se sientan indignos.

> Pedro expresa esta idea sobre la gracia en su primera carta: «Cada uno según el don que ha recibido, minístrelo a los otros, como buenos administradores de la multiforme gracia de Dios» (1 Pedro 4:10).

Notablemente, la palabra que Pedro usa y es traducida aquí como «don» es «*carisma*», la misma palabra que Pablo usa para hacer referencia a los «dones espirituales» o «dones de gracia». Pedro dijo que debemos actuar como buenos administradores de la gracia de Dios. A menudo oímos hablar de ser buenos administradores de nuestro dinero, pero no solemos escuchar que debemos ser buenos administradores de la gracia que Dios nos da.

El Señor nos confía la gracia para que seamos distribuidores de ella a otros en necesidad. Por supuesto, nadie puede distribuir la gracia de Dios que es necesaria para la salvación, pero podemos ser ejemplos del carácter generoso y amoroso de la gracia. Este tipo de vida despertará el interés y preparará los corazones de aquellos que aún no se han acercado a Dios a través de Jesús para recibir su favor y aprobación por medio de la fe. Como fieles administradores del favor inmerecido de Dios, podemos llegar a aquellos que no quieren venir a su gracia y darles una visión de ella a través de nuestra vida de gracia. Después de que ellos vean la gracia manifestada en nosotros, podremos entonces presentarles a Dios y su gracia salvadora.

Para cumplir con nuestro deber de ser «buenos administradores de la multiforme gracia de Dios», la humildad es crucial. Si consideramos esta responsabilidad como una recompensa por el servicio fiel, ministraremos a los demás con una mentalidad que transmite la idea de «creo que soy mejor que tú». Si no nos desprendemos del orgullo, atraeremos la atención sobre el «administrador», en lugar de sobre la «multiforme gracia de Dios».

> Esta difusión de la gracia a través de aquellos que la reciben trae agradecimiento y gloria a Dios. Pablo, hablando de la gracia, dijo: «Para que abundando la gracia por medio de muchos, la acción de gracias sobreabunde para gloria de Dios» (2 Co. 4:15).

Cuando las personas vean la obra de la gracia en nuestras vidas y escuchen nuestro testimonio de los cambios que trae, muchos darán gracias y glorificarán a Dios como el gran dador de la gracia. Este es el objetivo de caminar en la gracia: dar gloria a Dios en agradecimiento por lo que ha hecho por nosotros. El deseo de verlo glorificado se convierte en nuestra motivación para ser buenos administradores de su gracia. Y si el Señor es glorificado, el siervo queda satisfecho.

Dos caminos

En el plan de Dios, es posible recibir su gracia directamente a través de Jesús, pero solo la encontrarán aquellos que tienen una actitud humilde. Esto se debe a que el orgullo —lo opuesto a la humildad— es enemigo de la gracia. Cuando la gracia es el principio que rige nuestra vida le atribuimos todo el mérito a Jesús; cuando es el orgullo, solo pensamos en el reconocimiento de nuestros méritos. Si la gracia gobierna nuestra vida también entendemos que nuestra salvación, nuestro ministerio y nuestros dones espirituales se conceden sobre la base de la gracia; por lo tanto, no podemos atribuirnos el mérito de ninguno de ellos. En el plan de la gracia de Dios, también tenemos la oportunidad de darle gloria a Él al ser canales, o administradores, de esa gracia. Dar gracia a otros imita la forma en que Él nos la da a nosotros.

Todo lo que tenemos en Jesús, lo tenemos por gracia. Añadimos a eso un deseo genuino de ser un canal de la gracia de Dios para los demás. Solo con esta mentalidad podremos estar en guardia contra la infección del orgullo. En cierto sentido, hay dos ejércitos en guerra y cada uno busca reclutas. Para enlistarnos en el ejército del infierno, aprendemos los caminos del orgullo y la autoglorificación. Para enlistarnos en el ejército del cielo, debemos aprender los caminos de la gracia y la humildad. Debemos tener mucho cuidado de asegurarnos de que estamos en el lado correcto en la continua guerra entre la gracia y el orgullo.

Capítulo Trece

Gracia eterna

En mi ciudad natal, Santa Bárbara, uno de mis lugares favoritos son las colinas que bordean su límite norte. Cuando subo a esas colinas, puedo contemplar una vista impresionante de toda la ciudad. Desde ese punto, contemplo toda la costa y, en un día despejado, la vista se extiende sobre el Pacífico azul, con las Islas del Canal a la distancia. Cuando vienen invitados de fuera de la ciudad, me gusta llevarlos a las colinas para que puedan ver también esta hermosa perspectiva. Esta vista también les ayuda a entender como está compuesta la ciudad y evita que se pierdan.

Una vez que tenemos una visión general de algo, podemos entender más fácilmente como encajan los detalles. Esto es especialmente cierto cuando consideramos el plan de Dios para la raza humana.

Se gana mucho con un estudio cuidadoso del plan eterno de Dios para la creación y la raza humana. A la mayoría de nosotros nos resulta fácil pasar por alto los temas generales de la Biblia y pensamos en las Escrituras como una colección de versículos individuales en lugar de como una historia de principio a fin. Podemos ser concientes del amor de Dios según nuestra experiencia, pero nuestras experiencias son limitadas. Ver como Dios ha desplegado su amor por nosotros a lo largo de toda la eternidad nos da una nueva perspectiva sobre una verdad conocida. Hay una bendición similar en trazar el curso de cualquier aspecto del carácter o plan de Dios, comenzando en la eternidad pasada y siguiendo todo el camino hasta la era venidera. Pero, aunque hay un gran beneficio en realizar un estudio detallado de cada aspecto del plan de Dios para las edades, nuestro propósito es profundizar, específicamente, es lo que la Biblia dice sobre el lugar de la gracia de Dios en este plan eterno.

La gracia en la eternidad pasada

> Quien nos salvó y llamó con llamamiento santo, no conforme a nuestras obras, sino según el propósito suyo y la gracia que nos fue dada en Cristo Jesús antes de los tiempos de los siglos. (2 Tim. 1:9)

Es difícil imaginarlo, pero Pablo nos dice aquí que Dios le dio su gracia a su pueblo «antes de los tiempos de los siglos». Aún desconocemos mucho sobre esto. No sabemos exactamente como la obra de la gracia de Dios se conecta con nuestra libre elección antes de los tiempos de los siglos. Tampoco sabemos de qué manera Dios pudo dar gracia para la salvación de sus santos cuando ellos solo existían en su conocimiento del futuro. ¿Cómo pudo dar Dios su gracia a personas que aún no habían sido creadas?

Una explicación parcial de este gran misterio es que esta gracia nos fue dada «en Cristo Jesús antes de los tiempos de los siglos». Podemos entender más fácilmente que el Padre y el Hijo tenían una relación mutua de gracia en la eternidad pasada. Pablo nos dice que debido a que estamos identificados con Cristo, somos hechos herederos de esa misma relación eterna de gracia. Y debido a que «todos somos hijos de Dios por la fe en Cristo Jesús» (Gal. 3:26), compartimos los beneficios de la filiación de Cristo. Uno de esos beneficios es la herencia de una gracia eterna. De alguna manera, más allá de nuestra plena comprensión, Dios tenía un plan eterno para nosotros.

Darnos cuenta de que el plan de gracia para nosotros comenzó en la eternidad pasada es una revelación sorprendente. La decisión de Dios de tratar con el hombre sobre la base de la gracia no fue una decisión nueva o tardía. Nuestro Creador no es un planificador ineficiente que hizo todo lo posible con un método, descubrió que no funcionaba y luego pasó a otro método. Dios no decidió repentinamente abandonar un sistema legal ineficaz en el trato con el hombre. La ley fue una preparación necesaria para el sistema de la gracia. Aunque los caminos de la ley y de la gracia son métodos irreconciliables para relacionarse con Dios, la ley prepara maravillosamente la mente, el corazón y el alma del hombre para recibir el favor inmerecido de Dios.

La gracia no es algo nuevo en el plan de Dios, y esto se demuestra en su promesa de un Mesías. En la primera aparición de la necesidad del hombre, Dios dio la solemne promesa de un Salvador venidero que nos libraría del pecado y del engaño demoniaco. Dios aseguró tanto al hombre como a Satanás que vendría uno de la simiente de la mujer que aplastaría la cabeza de Satanás y acabaría con su capacidad de mantener a la humanidad encadenada. Sí, el propio Mesías sería herido en el curso de la batalla, pero también infligiría una herida de muerte al diablo y a todos los de su clase. La gracia estaba implícita en esa antigua promesa de un Mesías-Redentor. La promesa estaba motivada por el amor misericordioso de Dios. ¿Merecía la humanidad un redentor así? ¿Se había ganado esa promesa? ¿Cuándo hemos sido tan buenos, amables o amorosos como para merecer tal garantía? Nunca merecimos tal plan de redención, pero la entrega de la promesa del Mesías es una antigua evidencia del plan de gracia de Dios.

Cuando pensamos en la historia de la gracia, también pensamos en como Dios mostró su naturaleza de gracia a través de su trato con Israel y los patriarcas en el Antiguo Testamento. Piense en Jacob, un tramposo astuto y taimado que le mintió a su padre y robó la primogenitura de su hermano. ¿Merecía esa primogenitura? ¿Se ganó el derecho a la increíble protección y bendición de Dios sobre su familia y sus finanzas? Por supuesto que no se ganó esas bendiciones, pero Dios se las dio de las riquezas de su gracia.

Considere a Moisés, que fue un asesino y un fugitivo. Él no hizo nada para que Dios dijera: «Bueno, Moisés se ha ganado el derecho de liderar a su pueblo y experimentar la más íntima comunión conmigo que cualquier hombre haya tenido». Dios concedió estos privilegios y bendiciones a Moisés sobre la base de la gracia, no de obras o méritos. La obra de Dios en la vida de hombres como Jacob y Moisés muestra que Él trata con hombres y mujeres mediante un sistema de gracia, independientemente de lo que merecen. Aunque la gracia vino en plenitud a través de Jesucristo, el Dios de toda gracia tuvo que revelar este aspecto de su carácter en su trato con la humanidad antes de la venida de Jesús.

La gracia en el aquí y el ahora

La buena noticia para nosotros es que, aunque la gracia de Dios es antigua y se remonta a la eternidad pasada, también es moderna y está preparada para encontrarse con nosotros donde estamos hoy. Como creyentes, nuestra posición actual ante Dios se caracteriza por la gracia:

> «Os he escrito brevemente, amonestándoos, y testificando que esta es la verdadera gracia de Dios, en la cual estáis» (1 Pedro 5:12).

Estamos seguros en una posición de favor y bendición que se recibe por fe, no se gana con buenas obras. Al disfrutar de este favor, también recibimos el deseo y la capacidad de servir a Dios correctamente. Habiendo recibido tanto, entonces debemos trabajar y honrar a Dios con nuestra obediencia, trabajando para su reino y haciéndolo todo por agradecimiento por sus bendiciones. La gracia también nos permite permanecer y perseverar en la batalla espiritual. Sabemos que Dios está de nuestro lado, no en nuestra contra.

Pedro nos dice algo más que es importante sobre la gracia en el aquí y ahora:

> «Antes bien, creced en la gracia y el conocimiento de nuestro Señor y Salvador Jesucristo» (2 Pedro 3:18).

Pedro quiere que los cristianos recuerden que la gracia debe seguir siendo una parte esencial de nuestro crecimiento y madurez. Crecemos en la gracia, no más allá de ella. La gracia debe seguir siendo nuestro principio vital de conexión con Dios. Charles Spurgeon, el gran predicador de la Inglaterra victoriana, habló poderosamente de este punto:

> Pero observarán que nuestro texto no dice nada sobre el crecimiento de la gracia; no dice que la gracia crezca. Nos dice que «crezcamos

en la gracia». Hay una gran diferencia entre el crecimiento de la gracia y nuestro crecimiento en la gracia. La gracia de Dios nunca aumenta; es siempre infinita, por lo que no puede ser más; es siempre eterna, nunca tiene fondo, nunca tiene orilla. No puede ser más; y, en la naturaleza de Dios, no podría ser menos. El texto nos dice que «crezcamos en la gracia». Estamos en el mar de la gracia de Dios; no podemos estar en un mar más profundo, pero crezcamos ahora que estamos en él.[76]

Gracia en la eternidad futura

El apóstol Pedro vio que la gracia era para nosotros hoy, en el aquí y ahora; pero también sabía que la obra de la gracia no terminaría cuando nos graduáramos de esta existencia terrenal, la gracia nos sería dada al regreso de Jesucristo:

> «Por tanto, ceñid los lomos de vuestro entendimiento, sed sobrios, y esperad por completo en la gracia que se os traerá cuando Jesucristo sea manifestado» (1 Pedro 1:13).

La gracia debe ser la base de nuestra esperanza en el regreso de Jesús. Si no fuera por la gracia y su obra en nuestras vidas, nunca podríamos soportar la aparición de un Dios tan santo. Nuestra esperanza está en la gracia y no en nuestro trabajo arduo, nuestros esfuerzos sinceros o nuestra devoción a la doctrina. Si no fuera por la gracia y su carácter inmerecido, no recibiríamos a Jesús, nos alejaríamos de su presencia. Nuestro pecado y nuestra vergüenza quedarían al descubierto en toda su negrura junto a su pureza absoluta, y seríamos como aquellos descritos en el libro de Apocalipsis que suplican que las rocas los cubran en un vano intento de esconderse de su santidad (Ap. 6:16).

Prepararnos para la segunda venida de Jesús es una obra que Dios hace en nosotros; debido a ello, podemos descansar en su gracia y trabajar junto con ella. La clave es permanecer en el Dios de toda gracia y confiar en su promesa de prepararnos para ese día. Abandonados a nuestros propios esfuerzos, nunca estaríamos listos.

El estímulo de Pedro para poner nuestra esperanza en esta gracia venidera se presenta en el contexto de un desafío para vivir correctamente. La promesa de la gracia futura se da en medio de un llamado a la santidad:

> Como hijos obedientes, no os conforméis a los deseos que antes teníais estando en vuestra ignorancia; sino, como aquel que os llamó es santo, sed también vosotros santos en toda vuestra manera de vivir; porque escrito está: Sed santos, porque yo soy santo. (1 Pedro 1:14-16)

Algunas personas pueden pensar que un llamado a la santidad no pertenece al mismo pasaje que habla de la gran gracia que se nos dará en la aparición de nuestro Señor. Pero Pedro comprendió que, en la medida en que nos damos cuenta de nuestro destino, nos volvemos más apasionados en nuestra búsqueda de él. Cuando comprendemos que, por gracia, Dios se compromete a llevarnos hasta el final, ganamos valor y fuerza para seguir la carrera. Es un error pensar que la gracia nos excusa de buscar la santidad. Más bien, la verdadera gracia, recibida y entendida correctamente, nos libera para buscar una vida santa con mayor diligencia y eficacia.

La obra que hace la gracia al prepararnos para encontrarnos con Jesús en su venida es algo notable. Sin embargo, el plan de gracia se extiende más allá del día de su regreso, hasta la eternidad futura. El propósito eterno de Dios en los siglos venideros es mostrar las abundantes riquezas de su gracia para con nosotros. Como escribió el apóstol Pablo:

> «Para mostrar en los siglos venideros las abundantes riquezas de su gracia en su bondad para con nosotros en Cristo Jesús» (Ef. 2:7).

Uno de los grandes propósitos de Dios en nuestra salvación es mostrar su gracia en toda su gloria. Dentro del plan de gracia, Dios recibe todo el crédito y toda la gloria por la salvación del hombre. Si el hombre pudiera ser salvo por el sistema de la ley, entonces correctamente podría tomar parte del crédito por la salvación; pero bajo el plan de la gracia, solo los méritos de Jesús son reconocidos. Ni siquiera podemos atribuirnos el mérito de la fe que nos permitió recibir la gracia de Dios; porque, incluso eso, es un don de Dios (Ef. 2:8).

Entendiendo esto, podemos ver cuán ofensivo debe ser para Dios cuando algunos hacen de la salvación un asunto de obras y no de gracia. Si la salvación fuera posible bajo un sistema de obras, entonces el hombre podría tomar legítimamente parte del crédito y la gloria. Tal estrategia frustra el plan de Dios de revelar su gloria haciendo que la salvación esté disponible solo como un don gratuito que se recibe en Jesucristo.

Podemos estar seguros de que, en las maravillas de la era venidera, Dios encontrará nuevas y mayores formas de dar gloria a su gracia. El plan de gracia de Dios seguirá asombrándonos en la eternidad futura.

La gracia no es un método temporal del trato de Dios con el hombre; es su plan y propósito eterno. No tenemos que preocuparnos de que cambie las reglas sobre nosotros porque su plan para nosotros comienza, continúa y termina en la gracia.

Un plan eterno

No es difícil entender lo que Dios quiere de este plan de gracia. Él simplemente desea que muchos reciban su gracia, lo que dará mayor gloria al Dios que la dio. Cuando más personas honran el plan de gracia de Dios, Él recibe más gloria de aquellos creados a su imagen. Dios quiere que todas las personas lo alaben y lo adoren a Él, el Dios de toda gracia, y quiere que la gracia sea un lugar de descanso, una base segura y victoriosa para el creyente.

Algunas palabras sobre la gracia
de William Newell[77]

I. *La naturaleza de la gracia*

1. La gracia es Dios actuando libremente, según su propia naturaleza de Amor, sin promesas ni obligaciones que cumplir; y actuando, por supuesto, con justicia, en vista de la cruz.

2. La gracia, por tanto, no tiene causa en el que la recibe, su causa está enteramente en el *DADOR*, en *DIOS*.

3. La gracia, también es soberana. Al no tener deudas que pagar, ni condiciones cumplidas por parte del hombre que esperar, puede actuar hacia quien y como le plazca. Puede, y a menudo lo hace, colocar a los peores merecedores en los más altos favores.

4. La gracia no puede actuar donde hay merecimiento o habilidad. La gracia no necesita ayuda, es absoluta, lo hace todo.

5. No habiendo ninguna causa en la criatura por la que deba merecer la gracia, la criatura debe dejar de intentar buscar una causa para merecer la gracia de Dios.

6. El descubrimiento por parte de la criatura de que ella es verdaderamente el objeto de la gracia divina, obra la mayor humildad, porque el receptor de la gracia es llevado a conocer su propia indignidad absoluta, y su completa incapacidad para alcanzar dignidad; sin embargo, se encuentra bendecido bajo otro principio, fuera de sí mismo.

7. Por lo tanto, la carne no tiene cabida en el plan de la gracia. Esta es la gran razón por la cual la gracia es odiada por la orgullosa mente natural del hombre. Pero, por esta misma razón, el verdadero creyente se regocija. Porque sabe que «en él, es decir, en su carne, no hay nada bueno»; y, sin embargo, encuentra que Dios se alegra de bendecirlo, ¡tal como es!

II. *La posición del hombre bajo la gracia*

1. Ha sido aceptado en Cristo, quien es su posición.

2. No está «a prueba».

3. En cuanto a su vida pasada, no existe delante de Dios: él murió en la Cruz, y Cristo es su vida.

4. La gracia, una vez concedida, no es retirada, porque Dios conocía de antemano todas las exigencias humanas, su acción era independiente de ellas.

5. La falta de devoción no causa que Dios nos retire la gracia otorgada (como lo haría bajo la ley). Por ejemplo: el hombre en 1 Co. 5:1-5; y también aquellos de los que se nos cuenta en el capítulo 11:30-32, que no se «examinaron» a sí mismos y fueron «juzgados por el Señor, ¡para que no fueran condenados con el mundo!».

III. *La actitud apropiada del hombre bajo la gracia*

1. Creer y consentir en ser amados siendo indignos es el gran secreto.

2. Negarse a hacer «resoluciones» y «votos», porque eso es confiar en la carne.

3. Esperar ser bendecido, aunque se dé cuenta cada vez más de la falta de valía.

4. Dar testimonio de la bondad de Dios, en todo momento.

5. Estar seguro del favor futuro de Dios; sin embargo, ser cada vez más sensible en conciencia hacia Él.

6. Confiar en la mano castigadora de Dios como señal de su bondad.

7. Un hombre bajo la gracia, si es como Pablo, no tiene cargas respecto a sí mismo; pero sí muchas respecto a los demás.

IV. *Cosas que descubren las almas llenas de gracia*

1. «Esperar ser mejor» es fallar en no verse a uno mismo solamente en Cristo.

2. Estar decepcionado consigo mismo, es haber creído en uno mismo.

3. Estar desanimado es incredulidad —en cuanto al propósito y plan de bendición de Dios para uno.

4. ¡Ser orgulloso es ser ciego! Porque no tenemos posición alguna ante Dios

5. La falta de bendición divina, por lo tanto, proviene de la incredulidad y no de la falta de devoción.

6. La verdadera devoción a Dios surge, no de la voluntad del hombre de manifestarla; sino del descubrimiento de que la bendición ha sido recibida de parte Dios cuando todavía éramos indignos y no devotos.

7. Predicar la devoción primero y la bendición después, es invertir el orden de Dios y predicar la ley, no la gracia. La ley hacía depender la bendición del hombre de la devoción; la gracia confiere una bendición incondicional e inmerecida. Puede seguirle nuestra devoción, pero no siempre lo hace —en la medida adecuada.

Referencias bibliográficas

Capítulo 1

1. WATTERS, Wendell W. (1987): «Christianity and Mental Health», *The Humanist*, pp.5-11, nov.-dic.

2. *Ibid.*, p. 5

3. *Ibid.*, p. 8

4. *Ibid.*, p. 10

5. *Ibid.*, p. 7, 10, 7

6. *Ibid.*, p. 8

7. MACLAREN, Alexander (1984): *Expositions of Holy Scripture*, volumen 15, pp. 141-142, Grand Rapids: Baker Book House.

8. SPURGEON, Charles (1978): «Paul's Parenthesis», *The Metropolitan Tabernacle Pulpit*, Volumen 54, p.140, Pasadena, Texas: Pilgrim Publications.

9. MOFFATT, James (1931): *Grace in the New Testament*, p.392, London: Hodder and Stoughton.

Capítulo 2

10. TURNER, Steven (2003): *Amazing Grace: The Story of America's Most Beloved Song*, p.196, New York: Harper Collins.

11. *Ibid.*, p. 186

12. *Ibid.*, p. xxvii

13. MORGAN DERHAM, A. (1974): «Newton, John», *The New International Dictionary of the Christian Church*, Grand Rapids: Zondervan.

14. TURNER, p. 108

15. Esta frase se le atribuye a menudo a Agustín, pero sin cita.

16. Associated Press según lo informado en *The New York Times*, «Reagan Tells of Gaffe with Mrs. Mitterrand», abril 7, 1984.

17. CALDWELL RYRIE, Charles (1963): *The Grace of God*, p.20,

Chicago: Moody Press.

18. MOFFATT, p. 21

19. *Ibid*, p. 28.

20. *Ibid.* p. 25.

21. Aristóteles citado por Moffatt, p. 25.

22. WUEST, Kenneth S. (1951): *Philippians: in the Greek New Testament*, p.29, Grand Rapids, Michigan WM. B.: Eerdmans Publishing Co.

23. CAMPBELL MORGAN, G. (1946): *The Corinthian Letters of Paul*, p.251, Old Tappan, New Jersey: Fleming H. Revell.

24. WUEST, p. 29

25. MOFFATT, p. xv

26. RYRIE, p. 9

27. MOFFATT, p. 9

28. RYRIE, p. 28

29. HARDMAN, Oscar (1947): *The Christian Doctrine of Grace*, p.11, New York: Macmillan.

30. REDPATH, Alan (1993): *Blessings out of Buffetings*, p.154, Grand Rapids, Michigan: Fleming H. Revell.

Capítulo 3

31. FADIMAN, Clifton (1985): *The Little, Brown Book of Anecdotes*, p.357, Boston: Little, Brown, and Company.

32. «United States V. Wilson», https://en.wikipedia.org/wiki/United_States_v._Wilson

33. MOFFATT, p.7

34. *Ibid.*, p. 132

Capítulo 4

35. FADIMAN, p. 188

36. TORRANCE, Thomas (1948): *The Doctrine of Grace in the*

Apostolic Fathers, p.39, Grand Rapids: Eerdmans.

37. MOFFATT, p 132

38. MORRIS, Leon (1988): *The Epistle to the Romans*, p.219, Grand Rapids: Eerdmans.

39. WUEST, Kenneth S. (1955): *Romans in The Greek New Testament*, p.78, Grand Rapids: Eerdmans.

40. SPURGEON, Charles (1977): «Growth in Grace», *The Metropolitan Tabernacle Pulpit*, Volume 46, p.530, Pasadena, Texas: Pilgrim Publications.

41. MOFFATT, página 30.

42. *Ibid.*, p. 31

43. CHAFER, Lewis (1922): *Grace, The Glorious Theme*, p.157, Grand Rapids: Zondervan.

Capítulo 5

44. FADIMAN, pp. 588-589

45. *Ibid.*, p. 248

46. Esta rima o canción infantil tiene varias versiones. Se pueden encontrar ejemplos en https://100.best-poems.net/nobody-likes-me-guess-i039ll-go-eat-worms.html and http://www.mamalisa.com/?t=es&p=2387

47. FADIMAN, p. 169

48.   https://en.wikipedia.org/wiki/The_Last_Supper_(Leonardo_da_Vinci)

49. LLOYD-JONES, D. Martin (1979): *God's Ultimate Purpose*, p.136, Grand Rapids: Baker.

50. De una historia contada por Booker T. Washington (grabación de 1903), http://historymatters.gmu.edu/d/88/

51. LUTHER KING, Martin (1937): *A Commentary on St. Paul's Epistle to the Galatians*, p.158, Grand Rapids: Zondervan.

Capítulo 6

52. WUEST, Kenneth (1961): *The New Testament: An Expanded Translation*, p. 360, Grand Rapids: Eerdmans; Morris, p. 242.

53. Agustín, encontrado en *A Library of the Fathers of the Holy Catholic Church*, p.248, Oxford: John Henry Parker, 1847.

54. BROOKS, Thomas (1866): «A Cabinet of Jewels», *The Works of Thomas Brooks*, Volume III, p.318, Edinburgh: James Nichol.

55. BONHOEFFER, Dietrich (1979): *The Cost of Discipleship*, pp.45-46, New York: Macmillan.

56. SPURGEON, Charles (1981): «The World on Fire», *The Metropolitan Tabernacle Pulpit*, Volume 19, p.441, Pasadena, Texas: Pilgrim Publications.

Capítulo 7

57. WUEST, Kenneth S. (1955): *Romans in The Greek New Testament*, pp.109-111, Grand Rapids: Eerdmans.

58. Información de International Movie Database: http://www.imdb.com/title/tt0054331/trivia?tab=qt&ref_=tt_trv_qu

59. COSTAIN, Thomas B. (1958): *The Three Edwards*, pp.179-180, Garden City, New York: Doubleday & Company.

60. MOODY, Dwight Lyman (1986): *Moody's Anecdotes*, pp. 144-145, Chicago: Rhodes & McClure Publishing Co.

61. REDPATH, p. 236

62. EDWARD CARDWELL (1842): *Syodalia: A Collection of Articles of Religions, Canons, and Proceedings of Convocations*, Volume 1, p.21, Oxford: The University Press.

63. SPURGEON, Charles (1978): «The Safeguards of Forgiveness», *The Metropolitan. Tabernacle Pulpit*, Volume 52, p.163, Pasadena, Texas: Pilgrim Publications.

64. BUNYAN, John (1978): *The Pilgrim's Progress*, pp. 389-390, Grand Rapids: Baker.

Capítulo 8

65. FADIMAN, p. 383

Capítulo 9

66. KOURDAKOV, Sergei (1973): *Sergei*, London: Oliphants.

Capítulo 10

67. SCOTT LATOURETTE, Kenneth (1997): *A History of Christianity*, Volume 1, pp. 137-138, Peabody, Massachusetts: Prince Press.

68. SPURGEON, Charles (1977): «Lessons on Divine Grace», *The Metropolitan Tabernacle Pulpit*, Volume 49, p.256, Pasadena, Texas: Pilgrim Publications.

Capítulo 11

69. MACLAREN, p. 335

Capítulo 12

70. LEWIS, C.S. (1943): *Mere Christianity*, p.109, New York: Macmillan.

71. *Ibid*, pp. 111-112

72. HARDMAN, Oscar (1947): *The Christian Doctrine of Grace*, p.11, New York: The Macmillan Company.

73. TORRANCE, p. 141.

74. *Idem*.

75. SPURGEON, Charles (1979): «The Danger of Unconfessed Sin», *The Metropolitan Tabernacle Pulpit*, Volume 23, p.426, Pasadena, Texas: Pilgrim Publications.

Capítulo 13

76. Spurgeon, Charles (1977): «Growth in Grace», *The Metropolitan Tabernacle Pulpit*, Volume 46, p.530, Pasadena,

Texas: Pilgrim Publications.

Apéndice

77. NEWELL, William R. (1979): *Romans Verse by Verse,* pp.245-249, Chicago: Moody Press.

Comentarios del autor

Este libro se inició en algún momento a mediados de la década de 1980, como resultado de una profunda obra de la gracia de Dios en mi vida. Espero sinceramente que el mensaje de la gracia que me tocó tan profundamente también toque a otros.

A lo largo de los años que este libro estuvo en mi mente y revuelto en un ordenador, Dios me ha mostrado su gracia de forma tan maravillosa en Jesucristo y a través de su Palabra; más allá de eso, también de muchas maneras y a través de muchas personas. De esas personas, ninguna me ha mostrado más gracia y bondad que mi maravillosa y preciosa esposa Inga-Lill. Realmente no hay nadie más a quien pueda dedicarle este libro. Gracias, Inga-Lill.

Algunos otros merecen un reconocimiento especial:

- Brenda Varela, por su diligente labor en la traducción de este libro;
- Dalila Rodríguez, por su inestimable trabajo de revisión y corrección;
- Lance Ralston, por no dejarme olvidar este manuscrito;
- mis muchos amigos y colegas en el servicio a Dios a lo largo de los años.
- Esta edición revisada tiene una deuda especial de gratitud con Nancy Aguilar, cuyo trabajo editorial y de revisión hizo que este libro fuera mucho mejor.
- La portada de esta edición revisada fue diseñada por Brian Procedo, cuyo trabajo recomiendo de todo corazón.

Cada año que pasa, los amigos y colaboradores fieles se vuelven más valiosos. A través de todos ustedes, Dios ha sido mejor conmigo de lo que jamás he merecido.

www.ingramcontent.com/pod-product-compliance
Lightning Source LLC
LaVergne TN
LVHW011911080426
835508LV00007BA/480